J'ai fait un beau voyage

photo-journal 1955-1958

ISBN 2 7022 0511 9

Imprimé en Belgique

A Lila,

pour redire l'importance des années d'apprentissage
pendant lesquelles elle m'a éclairé, accompagné et soutenu.
Pour rendre hommage à sa beauté lucide, à son intelligence,
à sa grâce, et l'inciter à m'accorder sur le tard
l'asile de sa tendre amitié.

So sorry, dear. At that time, I was not a gentleman.

A Christophe Anil, fils bien-aimé.

Uzeste, 1999 photographie Antoine Stéphani

J'ai fait

JEAN VAUTRIN

un beau voyage

photo-journal 1955-1958

Éditions Cercle d'Art

Bombay, Chowpatty, 1956

La mallette rouillée, 1999

Hier, j'ai fait un beau voyage.

Hier. En 1955.

Il y a de cela quarante-quatre ans et des plumes.

Hier, j'ai bien dit. Hier, si net à mon esprit. Si proche, dès lors que je remarche le chemin jusqu'au soleil de ma jeunesse. Hier, si familier quand je regarde mes mains qui ont tout fait, tout accompli. Hier, si riche, si indélébile, tellement contrasté dès lors que j'interroge mes photos qui ont dormi pendant quatre grandes décennies au fond d'une mallette rouillée avant de se glisser, par la grâce de ce livre, dans la parenthèse du temps retrouvé.

Hier, dans les cendres chaudes. Hier, marigot des heures mortes, sourde et distante rumeur, chorus de cris inoubliables, dédale de sentiers à demi effacés, grand hasard de rencontres inattendues dont certaines restent à jamais une énigme plus qu'un achèvement. Hier, brassage de terres égarées – lointain archipel de vies côtoyées un instant, *remembrances* de cohortes humaines acharnées à découvrir le secret du bonheur, coolies en plein effort pour hâler les balles de coton, brahmines en prières, sâdhus engloutis dans le sable, guerriers chauffeurs de taxis, vendeurs de bétel, avocats parsees éduqués à Cambridge – tous le visage mouillé comme un linge, silhouettes affairées situées quelque part aux lisières d'un passé englouti où, jadis, je me suis trouvé.

Hier, lumineux périple d'apprentissage dans un ailleurs décalé, dans un pays à la force aveuglante – l'Inde – où vouloir s'avancer Descartes au poing a toujours relevé de la plus pure folie.

Vous souvenez-vous de votre jeunesse? Des mirlitons de vos premières amours?

Moi, pour l'aspect, j'étais une grande asperge. Un jeune homme maigre. Les pierres, les collines bleues d'Irancy avaient enchanté mon enfance. J'avais été élevé en Bourgogne et, très tôt, le jus de la vigne m'avait cinglé le sang.

J'avais le rire aux lèvres. Une mèche sur l'œil. Pas de poids superflu. Tout le contraire d'aujourd'hui où je marche d'un pas de fonte, j'étais léger à porter. Je ne pensais qu'à mon ombre flatteuse.

J'avançais. Je flânais. Je bouleversais.

Les biographies, les itinéraires, les tableaux, les films, les gens, les êtres, les pierres, me fascinaient. Je touchais. Je retournais. Je renversais. J'observais. Je retenais. J'envisageais.

J'aimais toutes les femmes. Toutes les fleurs.

Je séduisais. J'avais des baisers à revendre. Tôt marié, je faisais du mal autour de moi. J'ébréchais.

Incisif jeune homme trop enclin à capturer les fausses notes, je regrettais peu les éraflures, les accrocs du cœur que j'occasionnais. Changeant chasseur, je passais.

J'essayais cent pliages. J'effleurais toutes les bouches. Je palpais des ventres tendus. J'approchais le rire rose des sexes entrouverts. Après un bel assaut et que le cœur d'une amie de passage fut devenu une horloge déréglée, je faisais velours, roulais sur le côté et dans la douceur du clair-obscur me fabriquais des songes.

C'est si violent d'aimer la terre entière quand le corps a vingt ans!

Si loin que je me retourne pour apercevoir la vérité de ma vie, je vois des carrefours. Des choix.

Au fond du voyage, un paquebot blanc cingle vers l'Extrême Orient.

J'ai vingt-deux ans, je vais embrasser le monde!

Pour le moment, le port de Gênes recule dans le sillage du *SS Sunrise*. Un instant, son dessin réaliste apparaît comme un bel exercice bleu en pleine lumière. Une affiche par Cassandre.

Des boum-boum lents et sourds ébranlent la coque. Les passagers penchés sur la main courante s'interpellent. Un Anglais lance un penny en l'air, le rattrape et le plaque sur le dos de sa main. Des enfants se poursuivent autour d'une malle cabine. Une inconnue pleure en fixant un journal froissé. Un homme recule pour prendre une photo de son amie et marche sur le pied d'une jolie femme qui se mord la lèvre de douleur mais lui sourit après.

Jean-Luc Chambard et Jean Herman. Rajahstan, 1957

Le paquebot *Sunrise* hennit bruyamment de toutes ses sirènes. Une silhouette à l'extrémité du môle agite encore un foulard en signe d'adieu puis, à mesure que notre lieu s'appelle la mer ligurienne, la ville de Gênes, nacrée par la brume de chaleur, la ville en son sourire de perle, paraît s'élever au-dessus de l'écrin du golfe, puis s'estompe à jamais.

Cymbales et petites baguettes!

A l'autre bout de la terre m'attendent des terres de mousson festonnées de bandeaux gris, l'asphalte des routes tambouriné par la pluie et des milliers de parapluies noirs.

Tout au bout de Marine Drive, en face de la fascinante plage de Chowpatty, à Wilson College, je serai lecteur de littérature française à l'Université de Bombay. On m'appellera *Professor* Herman. Les étudiantes en saris auront le même âge que moi. Mon destin paraît tout tracé. Ma jeune femme enseigne à l'Alliance française. Ferais-je à mon tour carrière dans l'enseignement?

A moins, à moins, comme me le souffle déjà la voix de l'exigence, que je ne devienne grand reporter-photographe, ou ethnologue, ou dessinateur humoristique. Ou cinéaste. Ou les quatre à la fois.

En vérité, je me sens à l'âge impitoyable et boulimique où si l'on vous laisse reprendre de la confiture, toutes les couleurs, tous les venins, tous les mirages, tous les éblouissements se peuvent envisager.

Bombay, 1957. La mousson

A bord du *Sunrise*, une première fois je perdis l'horizon en tombant raide amoureux de miss Barbara Kelly-Jones.

Lorsque je la vis, elle était accoudée au bastingage du pont-promenade des premières classes. Elle possédait un corps très sensuel qui vous donnait des idées pour la rejoindre par tous les moyens dans sa couchette. Une frange indisciplinée dévorait son front. Elle avait les ongles peints en rouge. Et des yeux d'un bleu presque violet, lorsqu'elle a tourné son attention vers moi.

Je lui ai tout de suite dit que je la trouvais jolie. Elle avait une voix lointaine. Des plissures adorables au coin des paupières. Elle devait avoir cinq ans de plus que moi. Elle s'exprimait avec un fort accent américain. Elle accepta une cigarette française et déclina mon invitation à dîner. Elle fit observer que je voyageais en classe économique et que ma place n'était pas sur le deck A. Elle éclata de rire. C'était très agréable à voir et à entendre. Elle s'éloigna en faisant jouer toutes les parties de son buste et de ses hanches placées sous le signe d'une magnifique plénitude. Il y en a des endroits pour rêver, dans une fille!

Le lendemain, je l'ai revue. Elle portait un bandeau dans les cheveux. Elle était habillée en blanc et jouait au palet avec l'homme qui marchait sur le pied des jeunes femmes.

Le bref éclat bleu de ses yeux m'apprit qu'elle m'avait reconnu.

Je l'entraînai par la main sans qu'elle sache vers où. Elle ne protesta pas. C'est ainsi qu'elle était faite.

La suite, je commence à avoir du mal à vous la décrire. C'était à moi de faire tout, mais nous étions dans sa cabine. Nos haleines se mêlaient. Nos langues remuaient au chaud. Son ventre était doux à toucher. Elle perdait chaque fois plus de bleu au fond des yeux. Dans le cours des jours qui suivirent, nous sommes retournés souvent où elle voulait aller. Fichues soirées! Nuits inventives et puritaines! A condition de prendre une douche toutes les deux heures, l'imbattable Barbara Kelly-Jones hurlait comme une chienne des rues!

A l'escale de Port Saïd, nous remontâmes sur le pont. Le choix était offert aux passagers de quitter le bateau et d'entreprendre la visite organisée de la vallée du Nil. Tandis que le navire paresserait du côté d'El-Kantara sur les eaux mortes du canal de Suez, les plus fortunés d'entre nous pourraient traverser le désert jusqu'à Assouan, remonter en direction de Memphis en autocar et visiter Gizeh à dos de chameau avant de rejoindre le *SS Sunrise* à l'escale de Suez.

L'ai-je assez dit? J'étais le chevalier de la bourse plate et le périple par les sables s'avérait inenvisageable pour l'état de mes finances. Barbara fit seule notre voyage de noces.

Elle ne rejoignit jamais le bateau.

Tous les témoignages concordent. La dernière fois que ses compagnons de voyage la virent, la petite préceptrice de

Milwaukee montait dans une longue voiture américaine rutilante de chromes. Un bédouin en djellaba noire et caffieh lui tenait la portière. Il portait des lunettes de soleil. Encadrant la jeune fille, deux autres hommes affublés de la sorte s'étaient détachés de l'ombre de la pyramide. A leur tour, ils s'étaient engouffrés dans la limousine et, par la piste qui mène au désert Arabique, la somptueuse voiture avait disparu dans un tournoiement de poussière.

A l'escale d'Aden, des policiers montèrent à bord. Ils s'entretinrent un moment avec le capitaine et fouillèrent les bagages de la passagère disparue. A l'heure dite, le navire blanc reprit sa route.

Le vaste contour de l'horizon qui s'éloignait à nouveau ne m'effrayait guère. Désormais, des colonies de poissons volants accompagnaient le sillon de notre beau navire. Au large du golfe d'Oman, je tombais prisonnier d'une jeune Pakistanaise qui rentrait au pays natal après de brillantes études supérieures à Harvard.

"Terry", pour l'instant, s'appelait Multan. Elle était vierge à vingt-quatre ans. Sa famille le voulait ainsi. Son père était très âgé, ses affaires très prospères, ses trois épouses très soumises. Ce vieil homme cultivé appartenait à la haute société musulmane de Lahore et, selon la tradition des mariages arrangés destinait sa fille à un lointain cousin qui était avocat.

Un soir que nous regardions passer les bancs de poissons volants, Multan tomba victime d'une inextinguible famine érotique et m'en avertit aussitôt.

C'était une personne d'une grande beauté et pour qui les célébrations du corps restaient neuves. Chaque fois que nous allions passer les bornes de sa virginité, elle interrompait mon élan. Bien qu'elle eût une voix d'une tonalité plutôt gutturale, jamais dans les moments de transports elle ne lâchait ses oiseaux avec des cris sans retenue. Elle s'exaltait de façon muette et contenue, vivait à l'intérieur de sa tête, domptait son corps, retenait mes mains, mon sexe, protégeait son hymen, et ses yeux se gravaient d'une folie passagère au monde.

Ses seins étaient menus et fermes, ses aréoles entourées d'une frange fournie de poils d'une vitalité extrême. Cette particularité m'apparaît encore aujourd'hui comme une bouleversante énigme. Car jamais on ne vit plus gracieuse personne que Multan lorsqu'elle descendit à Karachi et qu'elle se dirigea en ondulant dans son sari immaculé vers le noble vieillard qui l'attendait assis sur un fauteuil, à l'écart de la foule, et lui tendait sa main à baiser.

Moi, bien avant Karachi, j'avais décidé que je voulais être Cartier-Bresson, Marcel Griaule, Jim-la-Jungle et Orson Welles.

Mais, en tout premier lieu, comment allais-je devenir moi-même ?

Illisibles horoscopes !

La réponse ne se trouvait pas dans le tain des miroirs. L'homme à peine terminé que j'étais ressemblait plus à un tableau suspendu au-dessus d'un grand désert vide qu'à un conquistador des grandes destinées.

Serais-je jamais capable de lire l'origine des gens d'après leur habillement, d'interpréter la signification des signes de caste,

Bombay, 1956. Un parsee

Bombay, Victoria Terminus, 1956. Le pan

de distinguer le musulman du Sikh, le Gujrati du Tamoul – cent visages, aux cent vérités, aux cent mensonges ?

Je n'existais guère en 1955, même si je me rêvais dans la tunique d'un héros.

Pourtant, dès mon réveil, cinq cents oiseaux blancs s'envolaient dans une région proche de mon front et de mes tempes. Avec violence, j'étais persuadé que devant moi, les routes s'ouvriraient comme des cuisses consentantes. Lorsque j'interrogeais la nue, la sagesse d'Orient me répondait que le véritable voyageur du temps est celui qui ne sait pas où il va.

Un pas. Un autre pas. J'allais devant moi.

L'acceptation de ce qui arrive n'est-elle pas liberté ?

En cette époque balbutiante où je cherchais à déchiffrer l'énigme des distances, en ce début du voyage où un animal furieux vivait en moi, où ma place n'était pas dessinée dans le monde et où je ne possédais rien de durable si ce n'est quelques cahiers tapissés d'une écriture hâtive et quelques centaines de négatifs impressionnés jour après jour au cours d'harassants et désordonnés périples dans les bazars, les ruelles, je décidai, pour avoir accès à de nouvelles espérances, de tenir grâce à mon Leica la chronique journalière de mes pas, d'archiver mes photos, de centrer mes recherches sur des sujets spécifiques, de montrer mon ouvrage, et de m'aller battre ainsi sur le terrain de l'expérience.

Je veux ici parler de la photo. De l'arrangement passager, de ce miraculeux prélèvement de grains et de lumière opéré au hasard

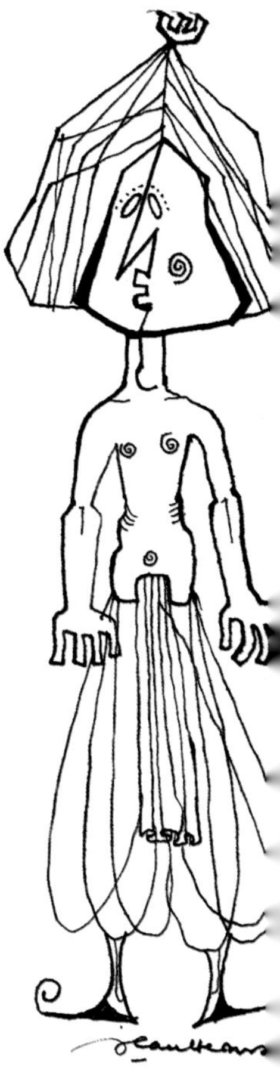

Dessin de Jean Herman, 1955

Après le Leica IIIf, le M3

des rencontres, à hauteur d'œil, de cette euphorie étrange – répétée et vécue jusqu'à l'obsession – qui consiste à regarder la vie devant soi au travers du viseur d'un appareil photo, d'aller à la rencontre des gestes et des visages et de capter en une fraction de seconde un réel intuitivement réorganisé.

Car il y a de la rage à tenir le style de ses images et sans doute acquiert-on "de l'œil" comme d'autres se forgent une oreille.

Toujours est-il que six mois plus tard, ma hargne avait porté ses premiers fruits. Outre mon activité de Lecteur de Littérature française à l'Université de Bombay, je donnais mes dessins humoristiques et mes reportages photo à l'*Illustrated Weekly* qui était le magazine du respectable *Times of India.*

Ainsi, croyais-je, s'ébauchait une sorte de chemin devant moi. Ainsi étais-je en passe de gravir la pente des montagnes heureuses!

Gaieté s'éteigne! Le voyage final de l'être humain au bout de son destin passe par bien d'autres détours que ceux que j'avais imaginé! Plus j'y voyais clair dans le fatras des couleurs, plus je j'enregistrais de nuances dans le capharnaüm des bruits, plus je distinguais d'odeurs dans l'étouffement des épices, plus le doute s'insinuait en moi. Moins j'étais sûr de la blancheur de la vérité qui guidait mes pas.

Violence et misère. Sortilèges et intolérance. Toutes les pierres roulaient à la fois sur la colline. Je les voulais toutes saisir et n'en attrapais aucune. La foule déferlante achevait de briser mes convictions. J'étais dissous par elle. Un jour n'avais-je pas été la patte de coton blanc d'un mille-pattes courant à sauve-qui-peut pour échapper à la déraison rugissante de la multitude? Un jour, le professeur Herman n'avait-il pas été happé par le néant?

J'ai hurlé. J'ai couru, j'ai hurlé, je le jure, du même cri que toutes les gorges de l'homme qui s'apprête à mourir.

Maharashtriens contre Gujrati, des milliers de gens acharnés à se haïr jetaient des ampoules d'acide, cherchaient à s'égorger avec de longs couteaux. Les grands chevaux de police chargeaient à sabots fendus. Leurs fers glissants les écartelaient sur la pente des trottoirs. Jetaient des pointes de feu. Les fuyards refluaient en grappes indistinctes. Les globes de leurs yeux s'exorbitaient en implorant le ciel. J'ai entendu le bruit des battes fracassant les crânes. J'ai vu le sang des hommes couler dans les caniveaux. Je jure à nouveau que j'ai prié Dieu de m'épargner dans son aveugle colère.

La place, soudain était déserte. La foule en colère s'était écoulée par le bief des rues comme un ruissellement d'orage. Il restait sur le bitume des sandales dépareillées, des lambeaux d'étoffe, des lunettes brisées, des cannes, des sacs à main, quelques blessés qui geignaient sous le soleil implacable. Un adolescent, à côté de moi, qui ne bougeait plus.

A quelque temps de là, je suis retourné dans la rue, bien sûr. J'ai respiré les oiseaux. J'ai à nouveau regardé les hommes mais

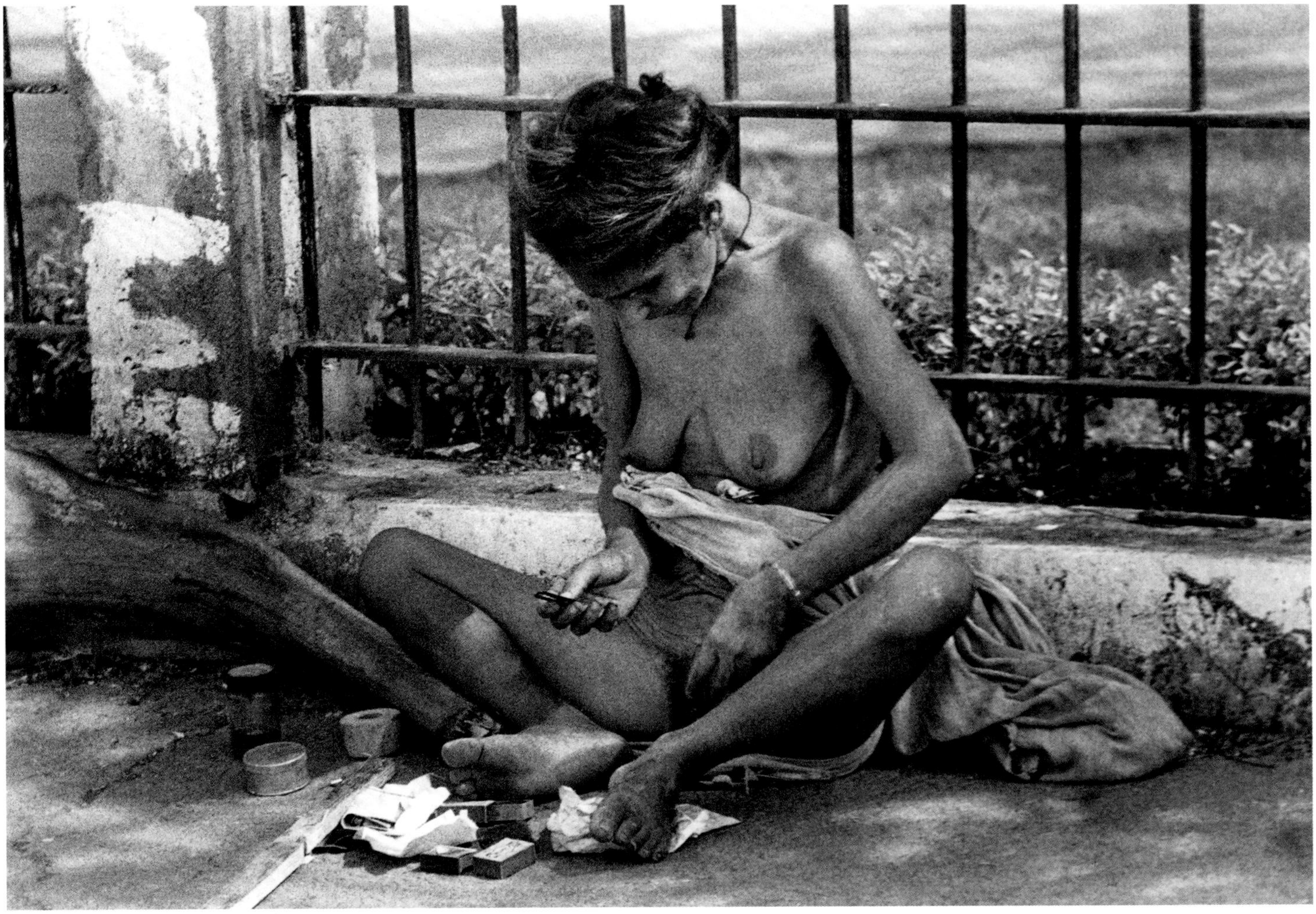

Bombay, 1956

de ce jour je n'ai plus jamais oublié que le passé nous recouvre. Explorateur impénitent tout à la curiosité de ma visite, je n'ai plus esquivé l'angoisse d'une espèce de malédiction errante.

De quel droit arrogant, de quelle tranquille assurance, de quel pouvoir malveillant, étais-je donc investi moi, le passant, le pied tendre, le simple voyageur, le naïf à peine germé, pour oser m'attarder sur le chemin des autres et observer mes semblables au travers d'un jeu de filtres et de miroirs? Pour regarder s'aimer, procréer, travailler, prier et tout aussi bien espérer que mourir, les hommes, les femmes affamés que mon déclencheur photographique clouaient dans la lumière?

Etais-je un messager? Un témoin? Un accompagnateur? Un voyeur occasionnel? Un ethnologue désintéressé? N'étais-je pas tout simplement un être fragile, un membre de l'humaine fourmilière, occupé à chercher son chemin dans les sargasses du devenir? Etais-je prêt pour recevoir la terrible et bienfaisante leçon d'humanité que prodigue l'Inde aux nouveaux venus?

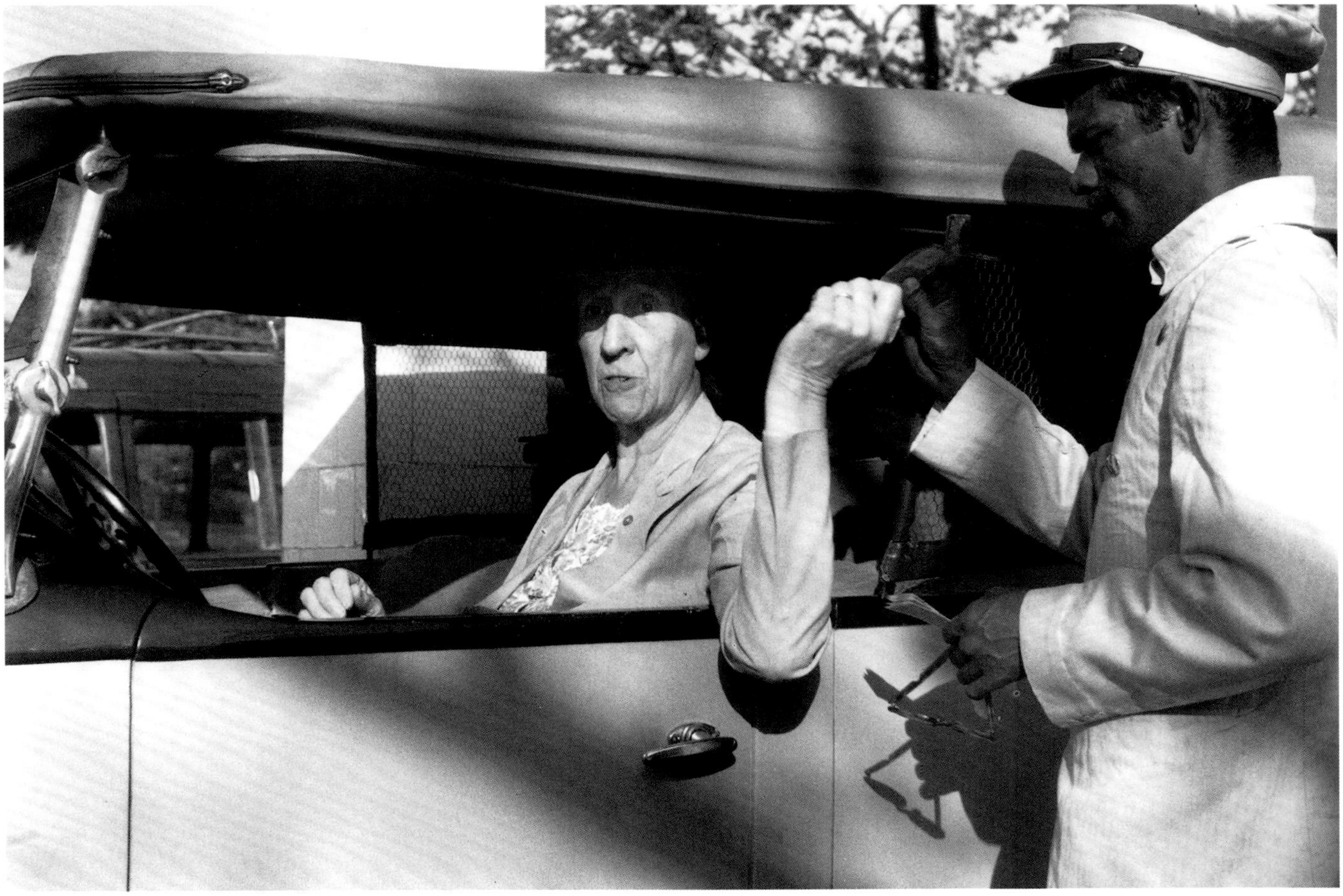

Mysore, 1957

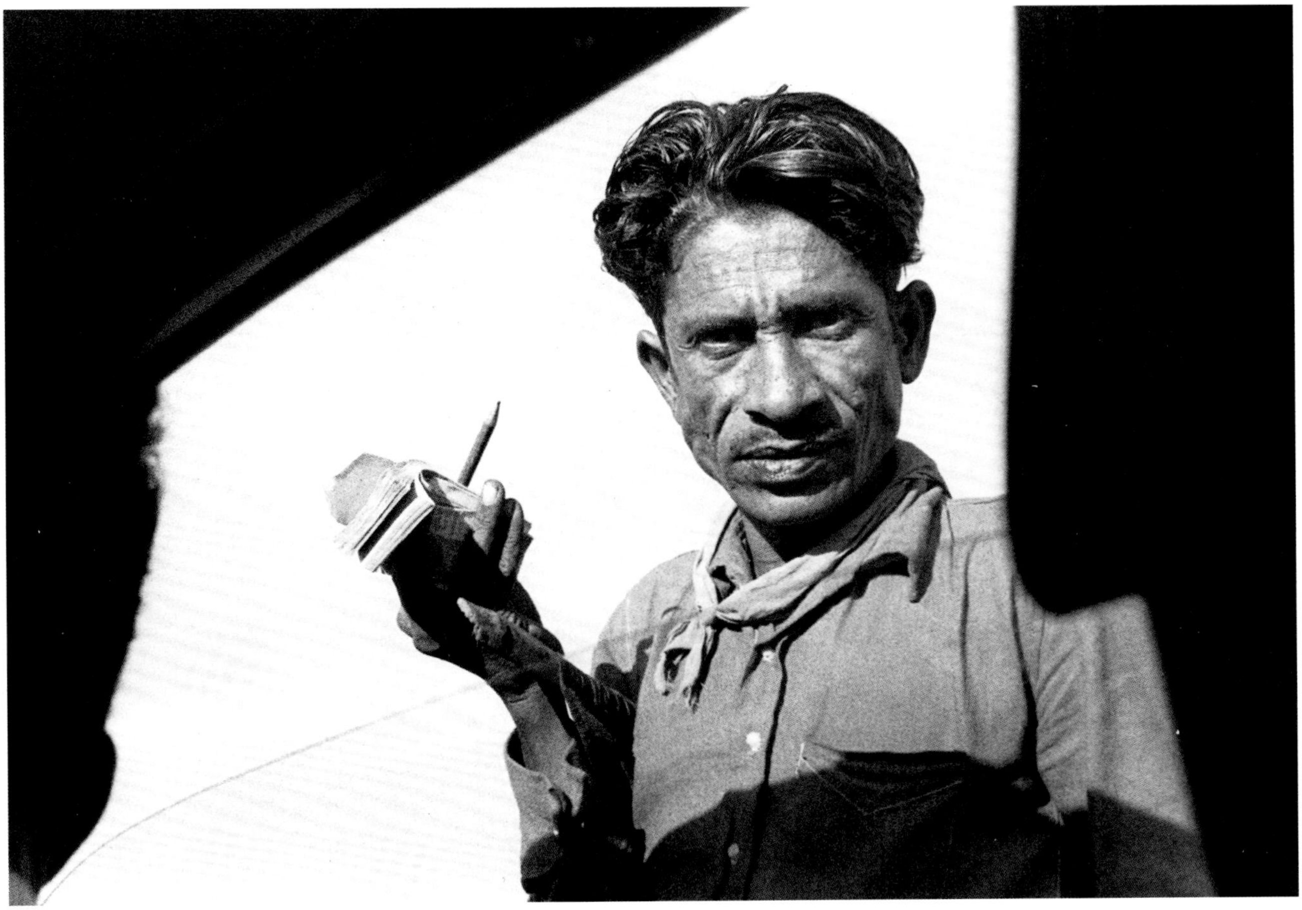

Indore, 1958

Bombay, Churchgate, 1957

DEAF CAN
HEAR

Aurangabad, 1958

Bombay, Horby road, 1957

Bombay, Crawford Market, 1957

Bombay, Churchgate, 1957

Bombay, 1957

SPECIAL
SWEETS
खोबरेल तेल
GROUNDNUT
OIL
LB. 9 Annas
TILL OIL
LB. 11 Annas
COCONUT
OIL
LB. 13 Annas

Bombay, 1955

Bombay, 1957

Bombay, 1957

TISTS' DEPOT.
SHA
PA

Delhi, 1957

Bombay, 1957

Bombay, Crawford Market, 1957

Bombay, 1957

Aurangabad, 1957

Bombay, Kerup Corner, 1956

Bombay, Crawford Market, 1957

Bombay, Parsee en dévotions au puits de Churchgate, 1957

Bombay, 1956

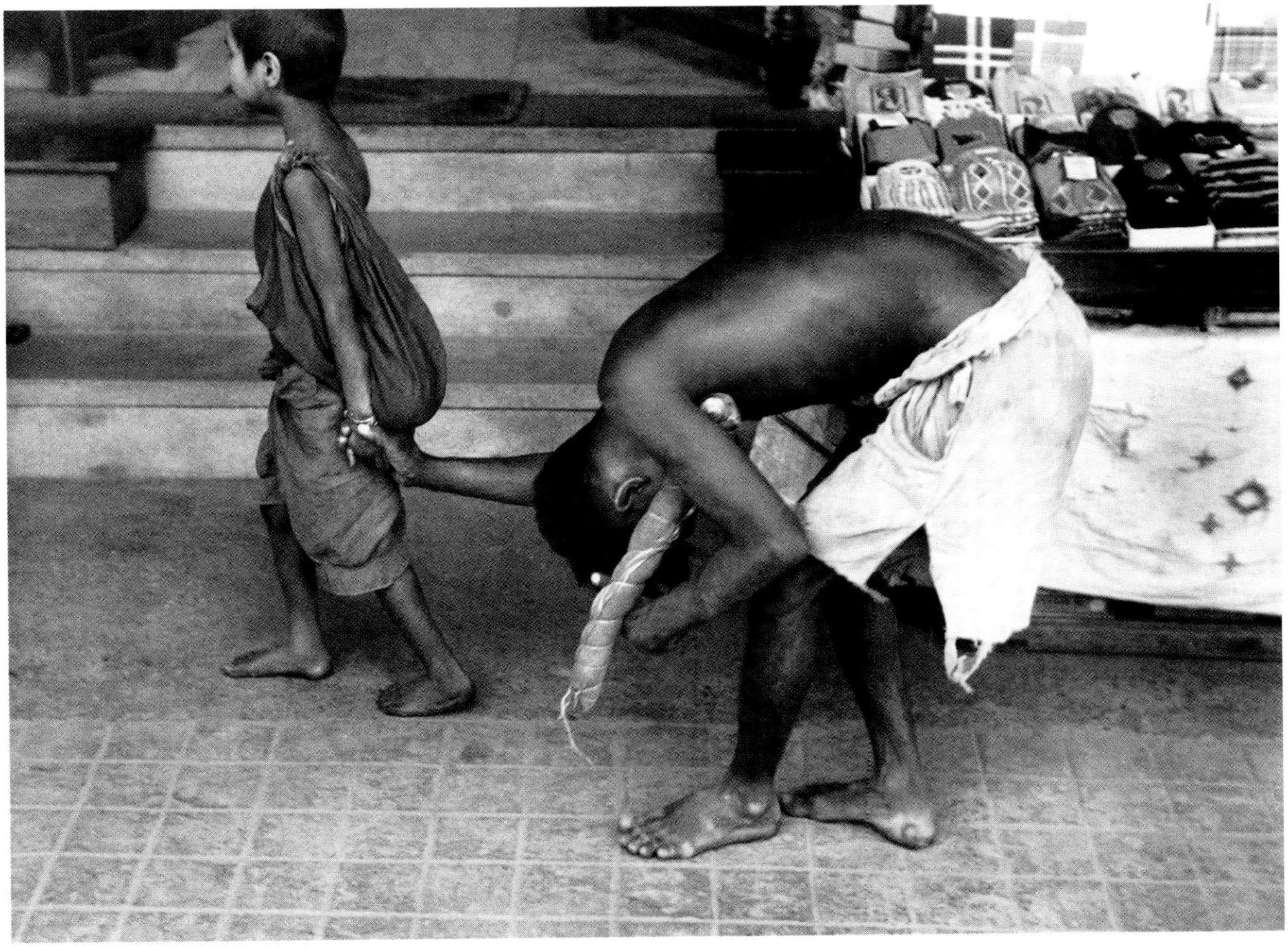

Bombay, 1956

Old Delhi, 1957

Old Delhi, 1957

Grève au *Taj Mahal Hotel*, Bombay, 1956

Old Delhi, 1957

LUX
Camel
LUX
سے خریدیئے

Bombay, Bhanganga area, 1957. L'écolier

Bombay, 1957

Bombay, Sassoon Dock, 1956

Bombay, Kemp's Corner area, 1956

Bombay, Matunga, 1956

Calcutta, 1956

Bombay, 1957

Bombay, Crawford Market, 1957. Le tongawala

SHA
E.C RADIO for Tone and Quality

JANSEVAK
Rose Brand

Bombay, Colaba, 1956

Bombay, Sassoon Dock area, 1956

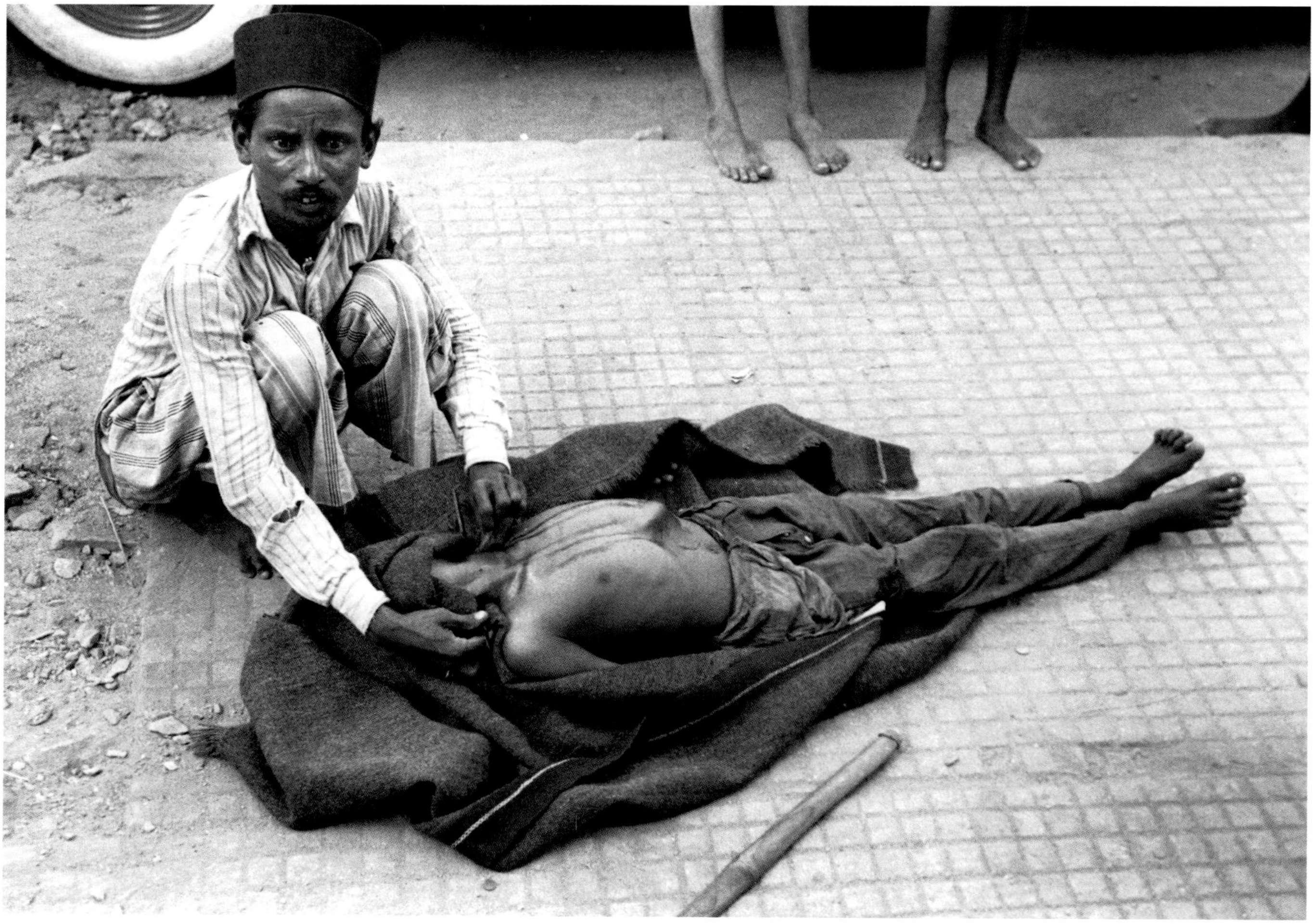

Bombay, près de l'Alliance française, 1957

Autoportrait à l'Harriflex, Sirsod, 1956

pages suivantes :

Hanuman, le Dieu-Singe, Chowpatty, 1956

Chowpatty, 1956. Les lutteurs

Vers la fin de cette même première année de séjour, non content de pratiquer l'exercice quotidien du voleur de gestes à l'étal de la vie et de raconter en images fixes la fascinante attraction qu'exercent sur le photographe le déferlement des lignes et du mouvement, l'ombre de la nuit, la vérité des visages, les combinaisons du hasard, j'avais entrepris de tourner un documentaire en 16 mm avec une approximative caméra Pathé-Wébo à manivelle.

Du matin au soir, j'avais l'œil à la loupe! J'avais choisi comme terrain de mes investigations filmées la plage de Chowpatty sur l'étendue grise et scintillante de laquelle mon regard se posait chaque jour.

Chowpatty présentait le double avantage de se trouver rigoureusement en face de Wilson College où j'enseignais et d'être un exemplaire creuset urbain vers lequel convergeait l'ensemble des communautés ethniques et religieuses.

Lieu de rencontre et d'exploration de la nature humaine, la plage accueillait aussi bien le travail des acrobates ambulants que la pratique des charmeurs de serpents. Les étals des vendeurs de ballons, les cris des marchands de gâteaux, que les autels dressés à la gloire de Shiva. L'effigie d'Hanuman, le Dieu Singe, que les parapluies noirs de la mousson.

Sous l'étrange miroitement d'une nue enflambée de colère grise, la mer tutélaire battait la grève.

Elle remportait les impuretés des hommes, les guirlandes de fleurs offertes aux Dieux. Elle agissait pour le bien commun. Elle servait à ondoyer les plaies, elle baignait l'enfant, elle recevait le pauvre. Et la grève, témoin inépuisable des amours et des peines, des moments de solitude, des instants de détente servait aussi de toile de fond pour l'arnaque des escrocs, de champ de prières pour les brahmines, de décor pour le spectacle des comédiens ou d'arène pour les lutteurs.

Grouillantes d'une foule bigarrée, ses rives étaient les dépositaires de toutes les donations, de toutes les hypothèses de la vie mystique. Son sable sans cesse rebattu par les marées abritait toutes les fêtes, toutes les célébrations, tous les cortèges. Pèlerins, familles, avocats, banquiers, usuriers, marchands ou parias, trouvaient à son contact l'envie de signer le pacte de l'égalité temporaire. Chowpatty recelait l'arche de la tolérance. Long d'un grand kilomètre son espace ouvert en demi-lune épousait le contour de l'océan jusqu'au pied des collines de Malabar Hill. Il narguait les hauts murs des propriétés gardées par les farouches *Pathans* et les portails électrifiés des villas noyées dans la nature

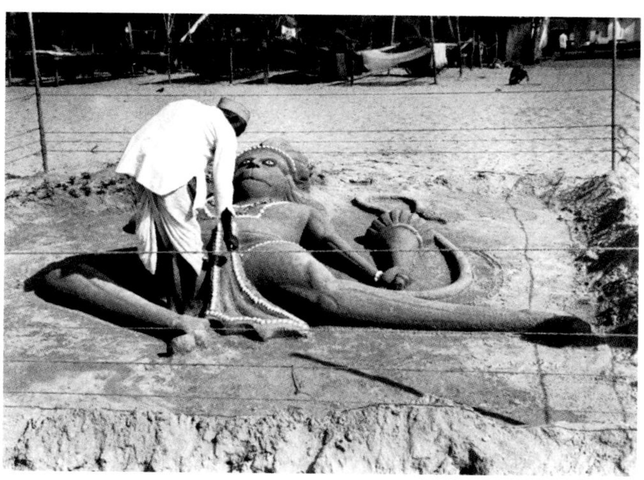

luxuriante où les milliardaires de Bombay se terraient dans un silence orgueilleux.

En bas, au contraire, déambulait sans fin le peuple mêlé, la foule réconciliée.

Sur la promenade qui longeait la plage, les femmes au sortir du bain arboraient leurs chevelures lourdes et brillantes ornées d'une fleur de lotus. Maharashtriennes ou Gujrati, Pundjabis ou Parsees, elles marchaient au milieu des enfants. Rieuses, les pieds bien au large dans leurs *chappals* aux lanières dorées, elles bavardaient entre elles. Elles se faisaient des confidences. Elles pouffaient derrière leur voile ou l'éventail de leur main. Elles étaient quiètes mais parfois s'arrêtaient de rire. A ce moment-là, leurs yeux ternes comme des miroirs de glace noircie contemplaient le vide.

Y voyaient-elles le visage esquissé d'un amant?

Les hommes les précédaient, drapés dans leur *dothi* immaculé. Le turban, la toque noire ou le calot blanc les coiffaient. Les bras derrière le dos, le poing fermé sur un parapluie de famille qui était l'arme absolue contre le soleil ou la pluie, ils s'arrêtaient gravement à l'étalage du marchand de feuilles de bétel. L'homme au crâne rasé, à la moustache tombante leur confectionnait un *pan* aromatique recouvert d'une feuille d'argent. En mâchant le suc épicé, ils repartaient dans la douceur du soir. Ils crachaient

rose, ils devisaient, accompagnant la gravité de la parole par un geste de la main.

Les enfants avaient profité de la halte pour se faire offrir du lait de coco ou un moulin à vent. Vite, en courant, les garçons rejoignaient leurs pères, juchés sur le parapet qui dominait la mer. Suivant l'exemple de leurs aînés, accroupis sur les talons, les avant-bras posés sur les genoux, l'échine trempée de transpiration, ils regardaient en silence la dernière couronne du soleil nimbée d'une corolle de lumière plus vive qui semblait bue par les reflets de l'onde et disparaissait au loin, du côté d'Ajanta, laissant soudain place à une brisure grise, un grand lac opalin au-dessus du sol noir.

Je restais souvent jusqu'à l'extrême limite de mes forces sur l'immense plage. L'esprit exalté, à l'écart de la gigantesque ménagerie d'ombres qui rôdait près des feux allumés, les paupières closes, je sentais sous mes pieds tanguer le sol enténébré.

Les mains ouvertes, avec une euphorie étrange, j'acclamais le vaste monde.

Le présent se dévidait. Le futur n'était presque rien. Je commençais à entrevoir le commencement des temps.

L'instinct de vie contre l'instinct de mort.

Bombay Mahalaxmi, août 1957. L'instinct de vie

Mahim, 1957. Pathans s'exerçant à un lancer de pierres

pages suivantes : Bombay, 1957

Bombay, 1956

Bombay, 1956

Bombay, 1956

Delhi, 1957

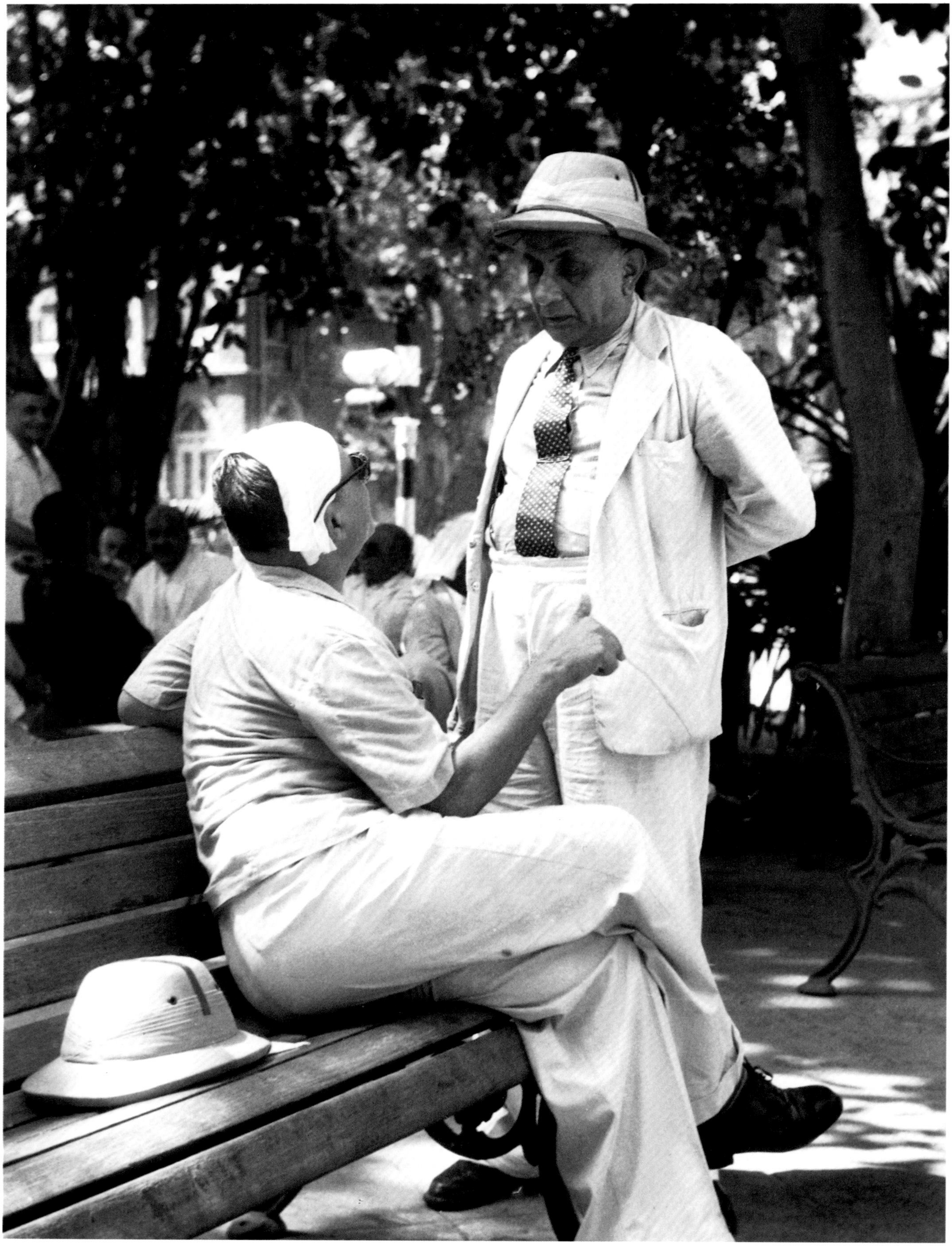

Marine Drive, 1957

Bombay, Parsee au puits de Churchgate, 1957

Bombay, Marine Drive, 1957

Bombay, 1957

Bombay, 1957

Bombay, Marine Drive, 1957

Colaba, 1956

Chowpatty, 1957

Bombay, Bhangang tank, 1956

Bombay Santa Cruz, lavandière maharashtrienne, 1957

pages suivantes : Les dhobis, 1957

Bombay, 1957

Sassoon Dock area, 1957

Bhanganga, 1957

Bhanganga, 1957. Les filles du dhobi

Bombay, Queen's road, 1957

Bombay, Bhanganga, 1957

Chowpatty, 1957

Chowpatty, 1957

Lila, Malabar Hill, 1957

Chowpatty, 1957

Chowpatty, 1956

Chowpatty, Coconut day, août 1957

Chowpatty, Coconut Day, 1957

Chowpatty, 1956

Chowpatty, Coconut Day,1957. Le montreur d'images

Chowpatty, 1956

Chowpatty, Coconut Day, août 1957

Chowpatty, 1957

Chowpatty, 1955

Chowpatty, 1956

Chowpatty, 1957

Chowpatty, 1957

Bombay, Chowpatty, 1955

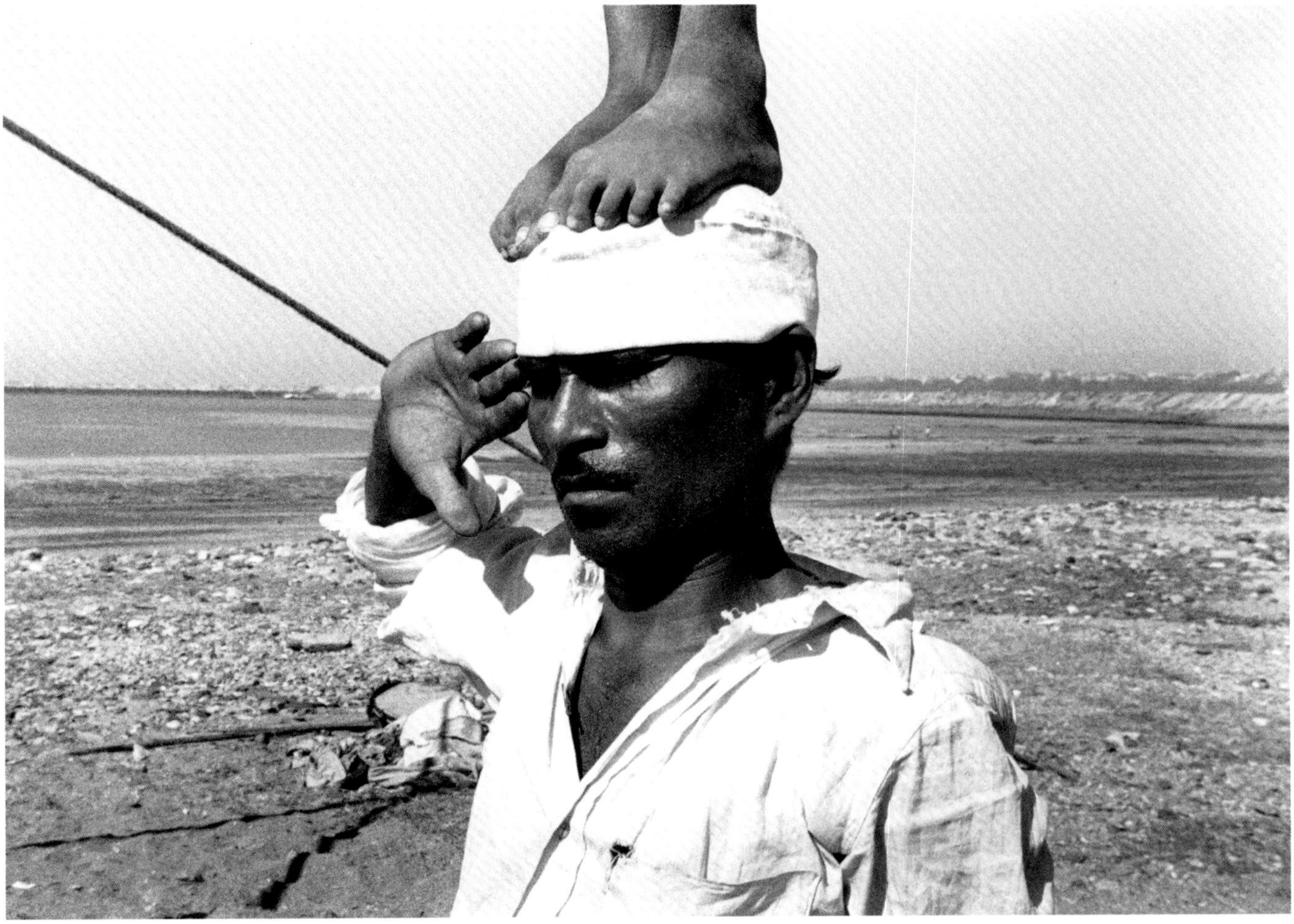

Chowpatty, 1955

Chowpatty, 1957. En attendant la mousson

Bombay, Marine Drive, 1957

Pages suivantes : Bombay, 1957

GENUIN

Bombay, 1957

Bombay, 1956

Bombay, 1956

A Bombay, les Sikhs, les Pathans, les féroces Gourkas gardaient les propriétés des nababs sur les hauteurs de Malabar Hill. Les vautours arrondissaient leur vol au-dessus de la Tour du Silence, vouée au culte des Parsees.

Déposées par leurs familles endeuillées, les dépouilles des fidèles du Dieu barbu et ailé, Zoroastre, reposaient sous le glacis de la nuit tiède.

Mèdes sur le dos, les cadavres étaient étendus sur les grilles inclinées d'un grand cirque à ciel ouvert. Dessous les gradins tressés de métal à claire-voie passait une eau courante qui rejoignait la mer. Le soleil risquait un regard rougi au travers de l'entrelacs des banyans. Dans la distance embuée, les premiers dévots faisaient leurs ablutions au bord de la grève. Les oiseaux de proie qui survolaient la tour, ne montraient nulle urgence. A contre-jour de la nue étincelante, nettoyeurs publics mandatés pour tournoyer dessus la surface nacrée de la lumière irregardable, les rapaces continuaient inlassablement leur carrousel de patience.

Soudain, comme si la crinière du soleil était arrivée à un degré de vibration subaiguë, ils plongeaient, dessertissaient les yeux des morts, emportaient dans la nue les lambeaux de leur chair déchiquetée.

Ainsi s'accomplissait, allant jusqu'à son terme, le mystère de la vie sur la Tour du Silence. Ainsi s'organisait le voyage final des

pages suivantes :
Bombay, 1956, Malabar Hill
Bombay, 1956, Zoroastre, le Dieu ailé

DURGA

êtres humains au bout de leur destin. Chez les Parsees, il est conçu pour que l'enveloppe sous laquelle les hommes sont apparus aux autres de leur vivant retourne aux trois éléments essentiels. L'air avec les oiseaux. L'eau avec les miettes de chair passées au travers du tamis des grilles et emportées par le courant maritime. Et la terre, où serait inhumé le reliquat des ossements, séchés par le soleil.

Jamais personne n'a pu prendre de photo de ce sanctuaire protégé par des enceintes successives et noyé derrière les frondaisons des arbres. La légende dit pourtant que nombreux sont ceux qui ont cherché à enfreindre la règle de discrétion mais, que je sache, nul ne peut se vanter d'avoir échappé à la vigilance des gardiens armés qui veillent sur l'intégrité du labyrinthe avec leurs grands sabres aux lèvres blanches.

Bombay, Hornby road, 1957

Bombay, 1956

Bombay, 1956

Bombay, derrière Crawford Market, 1957. Le temple

Bombay, 1957

Bombay, Crawford Market area, 1957

Bombay, 1957. Mimétisme I

Bombay, 1957. Mimétisme II

Bombay, 1957. Hornby road

Bombay, Chow Bazar, 1957

Marcovitch
Red & White

Mahalaxmi, 1957. Mimétisme III

Bombay, 1957

Bombay, 1956

Bombay, Hornji street, 1956

Bombay, 1957

Bombay, 1957

J'arpentais les bas-fonds de Bombay. Mes pas me conduisaient souvent jusqu'aux confins de l'enfer. Immenses flots bigarrés. Cohue qui coule. Lumières rouges. Lumières jaunes. Lumières vertes. Filles peintes aux yeux. Vertige et fascination. Le Leica dissimulé sous ma chemise, j'entrais dans le quartier des cages.

Derrière les barreaux des boutiques à prostituées s'étendait le rayonnement musqué d'un monde vague et dangereux. L'air de la nuit était torride, brassé d'odeurs vivantes, renouvelées par le mouvement tournoyant des badauds massés sur les trottoirs. Tout au long d'un pharamineux dédale de ruelles et d'impasses des milliers de prostituées de douze à soixante-dix-huit ans vivaient retranchées du reste du monde. Elles coulaient, elles infusaient, elles macéraient dans le salpêtre, le soufre, la misère, les alcools de contrebande.

Grand torrent magique! Une écœurante troussée générale soulevait la foule des consommateurs de sexe. L'air ronflait de démesure, de lourdeur et de beuglements fous. Les corps s'enlaçaient à l'aveugle sur les lits tressés, dans le vomi, au milieu des guirlandes et de l'encens qui brûlait. Des grappes de malheureuses vivaient, suffoquaient, forniquaient dans ces cellules ou dans ces bauges. Une faune de souteneurs à la façon des rats évoluait dans des creux noirs et impénétrables. Une brousse de jeunes femmes éclairée, mise en scène par des ampoules de couleur mauve ou indigo tapissait les façades des maisons aux fenêtres ouvertes, aux balcons surpeuplés et dans le halo des lampes, à tous les étages, se nouaient d'imprévisibles langueurs de corps, une im-

Bombay, 1957

mense roulée de sexe et d'épices qui vous soulevait, vous happait, vous aviez beau chercher un coin de raison pour ne pas vous soumettre, les rires, les cris piaulaient, vous étiez hébété, toute une ville excitée frottait des pieds, cent filaments pour cent loupiotes, pour cent putains à peau lisse, pour cent catins aux cheveux fleuris qui montraient des dents à la blancheur parfaite, des fronts statuaires, des yeux baissés, et derrière chaque cloison, chaque étoffe tendue, dans la plus grande promiscuité, filtraient des voix rauques, des souffles brisés, des râles de brasier, vous étiez pris par une chaleur de ventre, les échos affaiblis d'une imminence du désir coulait sous votre peau, c'était plein de monde à craquer, il faisait une belle nuit terrible et un sang fou grouillait dans les têtes.

Des filles de quatorze ans à peine, avec des attaches fines évoquant la fragilité des tasses de porcelaine, des matrones plus mûres, l'esprit noyé de chagrin ou emportées par des rires de drogue soumettaient leur chair à la vilaine férocité des passants. Certains visages étaient bouleversants. Des yeux ourlés par la bride diagonale des paupières vous envoyaient parfois un éclat ténébreux et chaud tandis que vous passiez devant l'étal humain. Une voix vous appelait. Un avant-bras nu s'avançait entre deux barreaux, émergeant des manches évasées d'une tunique ou du rabat d'un sari noué à même la peau. Les lèvres étaient sèches, les abdomens étaient fripés, les prunelles remplies d'îlots de tristesse infinie. Combien de fruits charnus, de crémeuses jeunes filles venues de la campagne, finissaient ainsi ? Celles que les maquereaux reléguaient aux derniers étages vouaient leurs corps à des

Bombay, Falkland road, 1957. Le quartier des Lumières rouges

souillures extrêmes. Pour deux piécettes de cuivre, les coolies prenaient possession de leur corps comme d'un vidoir. A la forge des amours bestiales, ils ahanaient d'un souffle obstiné, cherchaient un équilibre furieux sur le ventre tendu vers leur désir brutal, et la femme soumise n'avait de ressource que de regarder fixement un trou d'ombre, une lumière éloignée, tandis que la chanson de son sexe émettait un vagissement nasillard, un son mouillé et répété qui appelait à l'aide, à la mort, à la vie, et soudain se brisait.

Grand découragement de misère insoutenable!
C'est si froid d'être seul.

COFFEE HOME

Calcutta, 1956. Un bordel

Bombay, Falkland road, 1956

Bombay Tardeo, 1956. «Kamati Pura» (le coin de l'amour)

Bombay Tardeo, Falkland road, 1957

Falkland road, 1957

Bombay, Santa Cruz area, 1957

Bombay, 1957

Tardeo area, 1957

Bombay, Mahim, 1957

Moharrum à Mahim, 1957

Moharrum à Mahim, 1957

Moharrum à Mahim, 1957

Bombay, 1956

Bombay, passage souterrain à Churchgate, 1957

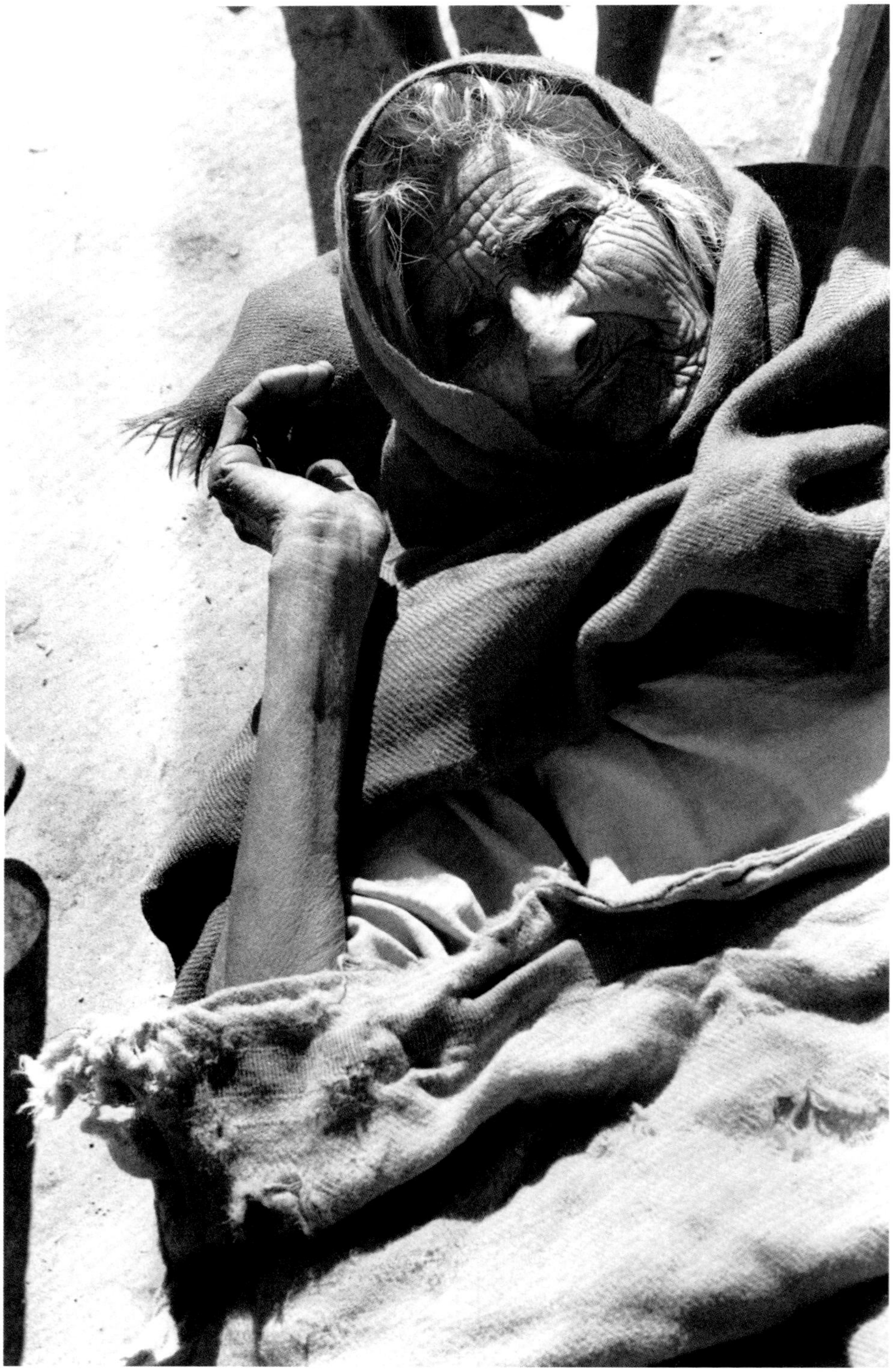

Old Delhi, 1957

Bombay, 1956

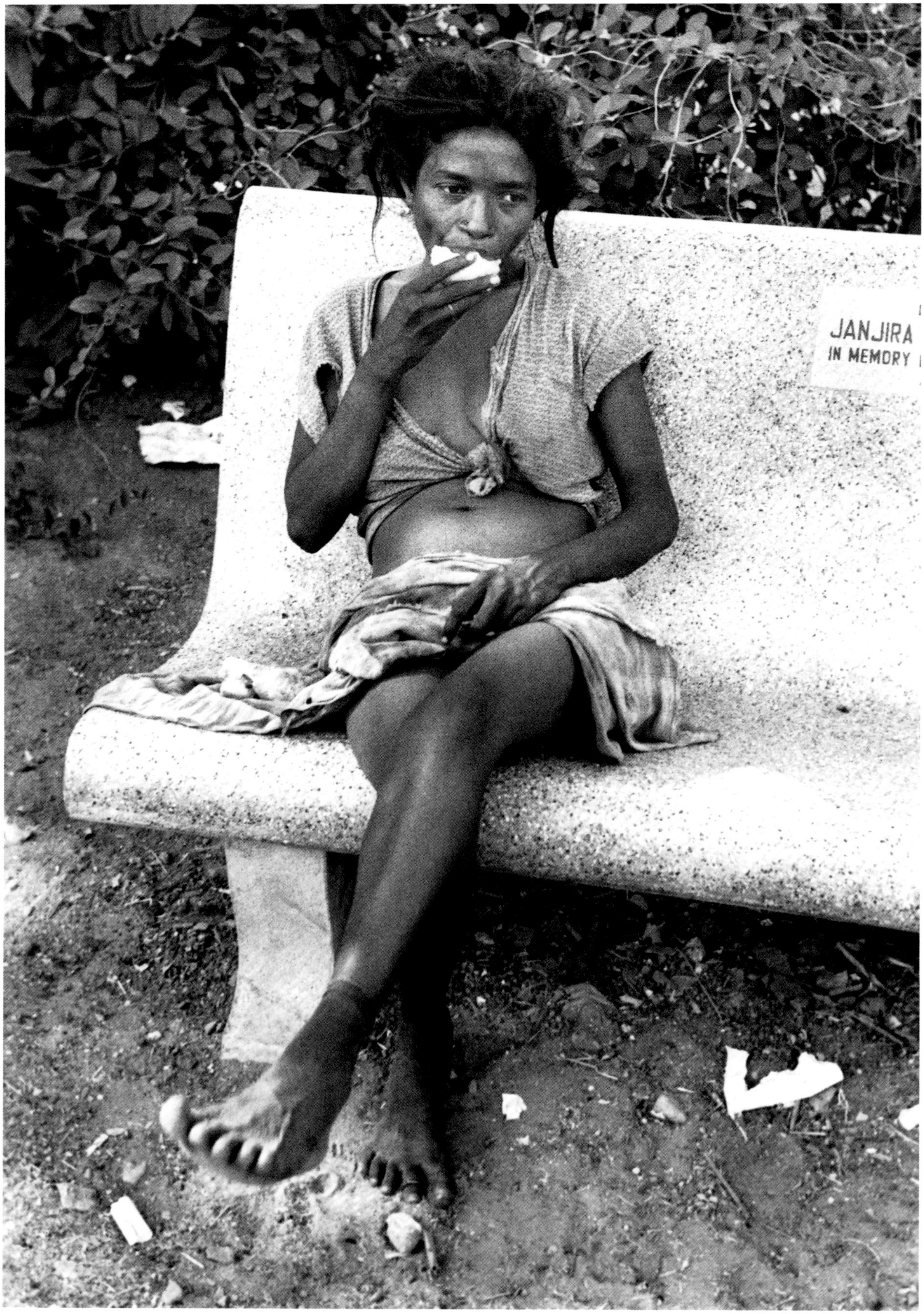
JANJIRA
IN MEMORY

Bombay, 1956

Bombay, 1956

New Delhi, 1957

Bombay, 1957

OUT

Bombay, 1956

Souvent, à l'issue de mes randonnées photographiques, je repassais par un no man's land qui me permettait de couper au plus juste et d'abréger le chemin du retour. Je quittais la haie des immeubles pour aborder une terre aride et foulais le royaume des laissés pour compte.

Cohortes de statues grises taillées dans du grès, les lépreux couchaient à la belle étoile le long des greens et des terrains de polo abandonnés par les Anglais.

J'étais devenu assez ami avec Ramdji-Trois-Doigts.

A peine apparaissais-je au détour du sentier, qu'il se dressait de la couverture en lambeaux qui lui servait de couche. En clopinant, il sortait de l'ombre des banyans. Il venait à ma rencontre.

Squame et crasse, il moignonnait bravement pour se maintenir à ma hauteur. Une vilaine gomme avait effacé le souvenir de son nez et avait mis à jour la béance de ses fosses nasales. Des linges emmaillotaient les vestiges de ses pieds. Il tamponnait le sol sur un double socle de cuir attaché par des lanières à ses chevilles crevassées. Il aimait à regarder les photos d'enfants que parfois je lui montrais. Je ne comprenais pas un tiers de ce qu'il transmettait par sarabande de ses pansements, par cris inarticulés. Personne au monde ne comprenait d'ailleurs ses bruits de sureau vidé de sa moelle.

Juste avant qu'il disparût à jamais de la surface du globe, il consacra trois jours entiers à m'expliquer son âge en traçant des bâtons sur le sable de la plage de Chowpatty.

Sentait-il rôder le mufle de la mort? Autour du bas-relief, symbole de son âge, il incrustait des pétales de fleurs.

pages suivantes :
Rajahstan, Sirsod, 1956
Le fils du Patel, Tiany Chambard, Lila, Jean Herman

Rajahstan, Sirsod, 1956
Jean-Luc Chambard, P.S. Sinha, cameraman, Jean Herman

Le matin suivant, il me guettait sur la route. Il m'entraîna dans son sillage de haillons, de bandelettes. Il était revenu à l'endroit où la mer battante avait remporté son secret, gravé la veille dans le sable.

Ramdji avait trente-quatre ans.

La troisième fois, nous sommes restés sur la grève bien après le coucher du soleil.

Au milieu de taches blanches qui dévoraient sa bouche, les yeux fouillants de Ramdji-Trois-Doigts perçaient la nuit. Comme des torches de feu au fond d'un puits, aujourd'hui encore, l'intensité de ses prunelles me réveille en sursaut au milieu de mon repos.

Mon rêve et la réalité coïncident.

Trois-Doigts me regarde. Il me fixe. Sous les plis tranchants de ses paupières, on sent danser la mort. Il s'éloigne de la vie au cours d'un sourire muet. Je ne m'aperçois pas de son départ. La mer vient battre son enveloppe abandonnée. Il s'affaisse sur le côté. Ses pupilles grandes ouvertes sont recouvertes d'une taie de sable fin.

Je suis en sueur sur l'oreiller.

Cette nuit encore, après que j'ai relaté cette histoire dans ce livre, je me réveille en sursaut. Sur l'espace voisin de notre couche, là où, comme à l'ordinaire, ma chère femme respire son chemin de sommeil et d'abandon, je ne trouve que le vide.

Mon esprit enfiévré de crainte s'absente.

Il reste jusqu'au matin dans le jardin de Ramdji et je sens flotter autour de moi la fade odeur de la mort.

Le temps passait et c'est son droit. J'étais en Inde depuis plus d'un an.

De plus en plus souvent, je m'arrêtais de penser à l'avenir. J'écoutais seulement la terre. J'observais l'eau ruisselante sur les feuilles des bananiers. Les insectes se jetaient sur la lampe. Une araignée velue rampait sous des feuilles larges comme des bénitiers d'eau. Le rire des singes donnait une brusque accélération au temps.

Parfois, j'avais l'impression d'ouvrir des portes sur des salles vides. Je m'acharnais. J'avais mis un pied au Films Division, l'organisme gouvernemental du Film documentaire et j'étais en charge de l'écriture des commentaires français. J'avais écrit à Jean Rouch pour qu'il m'aide à trouver de la pellicule 35.

Au début de la seconde année, un ethnologue du nom de Jean-Luc Chambard m'avait invité à le suivre dans son voyage d'étude au Rajasthan. Sa jeune femme, Tiany, l'accompagnerait. Leela, mon épouse dont je n'ai pas dit assez le bien que je lui dois dans ma découverte de son pays fut également de l'expédition. Elle avait une solide formation universitaire. Elle était passée elle aussi par l'Idhec et tiendrait le poste de script-girl. Nous comptions

Jaipur, l'observatoire, 1957

Sirsod, village indien, 1956

ramener un documentaire qui étaierait le travail entrepris par Chambard. Nous nous étions saignés aux quatre veines pour nous adjoindre les services d'un cameraman indien dont le nom m'échappe à cette minute même. Cet homme formé par la tradition lourde des studios maharashtriens n'envisageait pas de travailler caméra à l'épaule. Il luttait avec mauvaise grâce contre les renvois acides d'un estomac capricieux et les sautes d'humeur mécaniques d'une vieille Harriflex louée à Bombay.

Les conditions de vie étaient spartiates. Il s'agissait de vivre rigoureusement au diapason de la population d'un petit village situé à l'ouest de Jaipur, en un lieu où Chambard comptait multiplier les séjours d'étude au fil des années.

Les hyènes ricanantes couraient sur les dalles de pierre qui recouvraient notre hutte. Bêtes fuyantes emplies de maudisserie, elles hurlaient toute la nuit de leurs voix fêlée, elles jappaient dans l'aigu. Elles étalaient leurs bonds sur la couverture de pierre dessous laquelle nous nous terrions, fiévreux, encabanés sur des lits tressés de jute, délirants de pétoche, supputant la solidité des poutres brutes où étaient sculptés des scorpions. Une gravure de scorpion chaque fois qu'un habitant de cette hutte avait été piqué.

Gwalior, Rajasthan, 1956

Rajasthan, 1956

Sirsod, Rajasthan, 1956

Sirsod, Rajasthan, 1956

Jodhpur, 1958

Jodhpur, 1958

Rajasthan, 1956

Rajasthan, 1956

Sirsod, 1956. Le cavalier daccoyt

Sirsod, village du bout du désert! Le chanvre indien! Les Daccoyts, voleurs par caste et fantastiques cavaliers!

Je revois des images déteintes. J'écoute des sons assourdis. Je respire des vapeurs effacées.

Les senteurs du matin. Les épices. Une *Caravelle* qui sillonnait le champ d'azur à haute altitude. L'odeur du feu. Les fusils des proscrits qui luisaient faiblement. L'avion dont le grondement régulier s'atténuait jusqu'à disparaître vers l'est. Et, tapie dans l'obscurité, la tessiture d'une voix grave, celle du *patel* – le maire du village en quelque sorte – qui s'inquiétait de la sorte :

— *Areh bahya! Ousquo France kétna dour hey?* Mais mon frère! A quelle distance se trouve donc la France?

Toujours improbable pour ces gens simples, notre réponse creusait sur les visages des alphabets incrédules :

— A onze heures par l'oiseau de métal. Paris est à onze heures de la couverture sur laquelle nous sommes assis.

Le silence retombait.

Les farouches guerriers acceptaient notre improbable vérité. Est-ce qu'on juge un ami s'il parle loin de chez lui, en un désert dont les murs invisibles étouffent les bruits du monde? Parfois, l'éternité se mesure à chaque seconde. Le houka, la pipe à eau, circulait entre nous. Le prolongement du silence, la réflexion, effaçaient la suspicion. Dans le cours d'une veillée amicale, l'absence des mots compte bien plus que le dialogue des sourds. Les braises du feu se transformaient en cendres grises. Le chanvre indien emmaillotait les esprits. Je levais la tête. Le ciel étoilé enfermait-il une richesse insoupçonnée? Etions-nous tous les fils d'un même Dieu? Qui aurait pu m'indiquer le centre de l'œil? Etions-nous regardé dans nos moindres gestes? Dans nos plus inattendues souffrances?

Le Radjasthan était plus profond qu'un linceul capitonné. Un pays de fierté dans un jus de colère. Un climat sec et torride pendant le jour. Le gel pendant la nuit.

Sur un signe imperceptible de leur chef, les cavaliers rebelles au pouvoir du gouvernement repartaient dans un bruit de métal. Nous restions avec les femmes. Nous. Chambard et moi. Chambard l'ethnologue. Le gendre de Griaule l'Africain. Nous ruminions notre échec. Mots croisés. Mots jetés, mots foutus. Mots infirmes.

Plus difficile que tout, la communication entre les êtres.

Au petit matin, venue de Gwalior, la police aveugle cernait les champs de maïs. Les Daccoyts avaient disparu depuis longtemps dans la poudre de leurs étalons.

A la croisée des chemins rougeâtres, je repoussais sur la croûte du sol qui n'en finissait pas de rassir et craqueler au soleil une paire de babouches de cuir brut oubliée par l'un des guerriers.

A la fin des vacances universitaires, nous étions de retour à Bombay.

Prisonnier des ombres du passé, je revois souvent un alignement d'hommes aux profils léonins, une meute au ras du sol — cent lépreux environnés d'essaims de mouches qui pipent à l'abreuvoir de leur transpiration. Ils me tendent leurs mains presque grises, leurs phalanges élaguées comme des branches mortes. Ils entrechoquent leurs sébiles implorantes, tandis que mon précieux Leica III f en bandoulière, je me hâte sous les arcades de Bombay pour porter à développer mes négatifs au laboratoire de Dadabhoy Naoroji Road.

Au prix d'un effort incroyable, je m'éloigne de la cohorte des rebutés du genre humain, je retrouve l'animation des échoppes.

Les épaules lourdes, je repasse du côté de la vie si bruyante.

J'arrive en vue du numéro 236. Je m'engouffre dans un couloir sombre. Je débouche dans une cour ébouillantée de soleil. Je m'arrête au beau milieu de l'espace libre, je reprends quelques forces au milieu de la flaque de lumière. Je fixe au-dessus de moi le carré de ciel lourd et bourgeonnant où tournoie une bande de vautours.

Au loin, j'entends une femme parler. Sa voix se perd dans la distance et d'autres bruits lui succèdent, des appels lointains, un martelage sur du métal et une sorte de raclement obstiné produit par la régularité mécanique d'une machine impossible à identifier. La vie ailleurs est pleine de contenus invisibles.

Je m'ébroue. Je monte quatre à quatre les marches d'un escalier de bois. Mes sandales martèlent le parquet d'une galerie. Je tourne à main droite et m'engage vers la profondeur d'un couloir en plan incliné où grésille un néon multicolore. Ni bouge ni paradis, ce lieu de passage qui mène au temple de la photo enferme de lourds remugles épicés et stagnants. A demi suffoqué, (pour accéder à *Central Camera Company private limited,* tourner à droite et sonner, appuyez fort), je distingue flottant dans l'air torride et immobile les effluves d'un *tandoori chicken* mêlés à ceux, plus entêtants encore, d'un curry de *mutton kurma*.

Je pousse une porte immédiatement refermée par un groom et, sans transition, mes bronches sont saisies par l'effet de banquise de l'air conditionné.

Debbie Hutington lève la tête.

Derrière le desk, elle cesse de pianoter sur sa machine à écrire et reste une main en l'air. Avec un art consommé de la séduction pour son jeune âge, elle incline la nuque. Elle opte pour un sourire radieux. Elle joue la vie avec l'entrain d'une secrétaire de comédie américaine dans un film de la Métro et entonne un joyeux pépiement. She says hello, hello. Cette sorte de choses. Elle prend une voix du ciel. L'humour, la santé, flottent sur ses dents brillantes. Elle fait tout ce qui est en son pouvoir pour être une fille qu'on ne laisse pas tomber. Elle serait une assez jolie prise.

Debbie est une magnifique brune de dix-neuf ans. Elle ronge son malheur et peste contre sa condition qui est d'être anglo-indienne. Elle se poudre sans relâche pour conserver le teint clair. Elle porte une robe à fleurs dans la plus pure tradition anglaise mais elle a dessiné un *bindi* sur son front.

Je lui remets mes précieux négatifs. Elle les enregistre avec des gestes machinaux.

Ce matin, Debbie joue la vie de profil. C'est sans doute le fameux jour décisif où elle essaye d'avoir un buste de femme grâce aux brassières numéro 75 petits bonnets que sa mère a consenti à lui acheter la veille chez Marks & Spencer. Elle se met en valeur. Avec l'idée obstinée d'approcher ce qu'elle pense être la respectabilité, elle poursuit son inlassable pêche aux Européens. Elle lève sur moi des paupières palpitantes. Elle fait venir un petit soleil dans ses grands yeux noirs. Joyeuse comme un arbre en fleurs avec des petits oiseaux tout autour, elle se met en chantier. Elle répète une fois de plus qu'au lieu de rester toute sa vie gâchée derrière ce desk glacial dans un monde à la gomme de parapluies oubliés et de devenir vieille fille, un jour, elle rencontrera son prince charmant et quittera l'Inde. Farewell Bombay et tous ses préjugés! Elle échappera enfin au porte-à-faux où l'enlise sa double appartenance. Elle ne se sent pas indienne. Elle ira habiter Paris ou Londres, sa vraie place, puisque son père est Anglais. Elle épousera un gentleman ou un "monsieur" tellement épris de sa vivacité et intrigué par son mystère. Elle aura des enfants roses, elle retrouvera son insouciance de jeune personne abordant le devenir d'une vie exaltante, dommage que je ne sois pas libre, l'attente la rend folle.

Nous rions. J'exhibe mon alliance comme un rempart contre la frustration de son état mental et je lui demande si je peux aller rendre visite à "Raj Kapoor".

Bombay, 1956. La secrétaire anglo-indienne

— Oh, God! she says en soupirant, *yes! of course you can! Go and see your big man!*

Pour nombre d'entre vous, je gage que ce patronyme: Raj Kapoor, ne signifie pas grand chose. Dans les années cinquante, du côté de Bombay, c'était une autre paire de manches.

Raj Kapoor voulait dire émeute. Cet acteur avait haussé sa renommée à la hauteur d'un mythe. Il était le centre d'une galaxie de vedettes très populaires dont les foules du samedi soir raffolaient. Il était le prince des séducteurs de l'écran, il était le gendre idéal, celui qui allumait la passion et secourait la veuve, celui qui ridiculisait le benêt, châtiait le méchant et épousait l'héroïne. Il était le Douglas Fairbanks des sagas et des mélodrames de la côte ouest-indienne. Et toutes couches de la société confondues, son regard ardent, sa belle chevelure calamistrée faisaient se pâmer les plus vertueuses des épouses comme chattes en course.

C'est de sa ressemblance avec cet Apollon des salles obscures que Kumar, modeste employé de la *Central Camera Company*, tirait son surnom. C'est à son physique de calendrier, à la folie des fans du grand Raj Kapoor qu'il devait sa garde-robe (conforme à celle de la star) et qu'il tirait la plupart de ses revenus secondaires.

Car notre homme avait deux visages. Le sien, qui était ordinaire, et celui qu'il se fabriquait en un clin d'œil avec un talent confondant.

A toutes fins utiles, il avait toujours dans sa poche un peigne fin pour se faire la raie, un miroir pour se regarder et un costume dans le coffre de sa vieille *Morriss*.

Certaines admiratrices du comédien, des femmes chic avec des petits chapeaux, parfois des dames de la bonne société en saris lamés d'or, n'hésitaient pas à louer ses services. Elles l'installaient au volant d'une *Cadillac* vert pistache en tous points semblable à celle de la star. La somptueuse décapotable roulait dans la nuit. Elle suivait le chemin féerique des lumières. A un carrefour, la foule reconnaissait son idole. Hourrah! On l'acclamait. Une demi-heure plus tard, dans un quartier huppé, celle qui louait son talent pour la soirée s'exhibait à son bras dans un restaurant à la mode.

C'était l'envol pour ainsi dire! L'affaire tournait au souk! Les larbins accouraient. Faisaient danser le linge fin, les couverts en argent. Champagne français! Kumar dessinait sur son visage un sourire gredin. Il prenait alors de l'envergure, de la morgue. Il se métamorphosait en quelque chose d'inimaginable. Il avait une manière d'exister que personne n'avait jamais abordée. Rien qu'au bluff, à l'imitation, il allait loin! Il devenait Raj Kapoor à s'y méprendre et signait des autographes. Ensuite, pour échapper à la meute de ses adulateurs, il disparaissait dans un cabinet privé, faisait un bon gueuleton, s'échappait par les sorties dérobées, se fondait dans la nuit avec la complicité des portiers, fouillait dans le réticule de son accompagnatrice, en ressortait une poignée de roupies, distribuait les bakchichs, se gardait bien par parenthèse d'adresser la parole à qui que ce soit, de peur que sa voix de fausset aux accents de baryton castré ne mette un terme musclé à sa belle équipée.

Mais toutes les fanfares ont une fin. Un silence ou un couac. Sitôt quittée la tunique du héros, sitôt éteintes les lumières de la fête, Kumar retrouvait sa fatigue. Ses compagnes d'un soir le déposaient en riant le long d'un trottoir. Le dos courbé, il longeait les riches villas, les murs encombrés de vrilles de fleurs odorantes, il redescendait vers les bas quartiers, il retrouvait sa petite automobile. Il endossait à nouveau sa modeste condition de tireur-photo. Il regagnait sa chambre meublée et redevenait un homme ordinaire banalisé par une longue chemise de coton blanc qui flottait ordinairement sur un pantalon poché.

Toujours, il attendait fébrilement le soir pour vivre une autre vie.

Je ne manquais jamais une occasion de le venir visiter. Tout au fond d'un couloir, j'attendais que la lampe rouge du labo s'éteigne à la porte du temple de la photographie. Religieusement, je me glissais alors dans l'antre où à la lueur des ampoules inactiniques travaillaient une demi-douzaine de garçons penchés sur des cuves ou des agrandisseurs.

Je toussais pour manifester ma présence. "Raj Kapoor" se détournait dans l'obscurité, le blanc de ses yeux s'attardait sur moi. Il me saluait d'un rapide *namasté*.

Nous étions devenus une paire de complices. Il savait que j'appréciais son habileté. Il mettait un soin scrupuleux à me livrer des agrandissements conformes à mes désirs. J'étais fasciné par ses gestes de magicien. Par la façon qu'il avait d'aborder la vie forte et battante contenue dans le mystère des négatifs.

Cet homme-là planait au-dessus de son travail. Ses doigts

étaient longs et maigres. Dans la chaleur du lieu clos et aveugle, il s'essuyait, il tapotait ses paupières, son front avec un mouchoir d'une blancheur de lune.

Les yeux terribles, il abordait sa tâche avec concentration. Par exemple, il travaillait sur un cliché représentant un paysage. Bon. J'entrevoyais ses prunelles qui voyageaient doucement sur la trame de l'horizon confondu. Je les voyais se perdre en un endroit où les nuages et la terre se rejoignaient. Kumar, à sa manière, voyageait. Il choisissait soigneusement ses papiers qui étaient ses moyens de transport. Il interprétait, il évaluait, il diaphragmait, il proportionnait, il composait, il masquait, il contrastait, il durcissait, il estompait, il éclaircissait, il révélait, il glaçait, il massicotait.

Et quand la lumière se rallumait sur les épreuves, c'était pour moi comme un moment sans cris d'oiseaux. Kumar ne pipait pas mot. Je retenais mon souffle. Je regardais le magicien qui souriait avec modestie à son ouvrage. C'était entre nous un de ces fameux brins d'éternité qui détressent la corde du temps et rassemblent les cœurs partagés.

— *Han*, disait-il en prenant un seul agrandissement entre ses doigts délicats, en remuant négativement la tête (ce qui pour un Indien est le comble de l'assentiment), *Usquo photography both atcha dicta* (Cette photo est vraiment très belle!).

Et la lenteur du temps nous accompagnait dans un grand tumulte de sentiments.

Faut-il pas revenir sur la gravité des pas que nous avons gravés? Incroyable! Incroyable de précision! C'était hier, hier la rue.

Hier, la poussière, les arcades ombreuses! Le nord, le sud de l'Inde, Jodhpur, New Delhi, Mysore ou Cape Comarin, n'importe! Les gens que j'ai filmés, que j'ai photographiés, sont encore là, vivants presque, gravés à jamais dans mon esprit. En déchiffrant les tirages, je les reconnais. Je me souviens du port altier de leur nuque, de leur façon de danser sur place, de leur rage à battre le linge sur les rochers, de cette manière unique de héler leur voisin avec un geste de la main ("*Areh, bahya! Ider ao!*), je me souviens de leur marche harassante sous le soleil, de leur lutte aveugle pour une poignée de riz, de leur regard où l'espérance était morte, où la colère était si vivace. Et chaque goutte, chaque miette d'homme ou de femme vaut quelque chose.

Chers compagnons de vie! Nous avons vécu des heures éblouissantes, pris bien des ramponneaux sans housse ni velours, quarante-cinq ans ont passé, beaucoup d'entre nous sans nul doute sont sous la terre d'un grand cimetière, d'autres ont eu les yeux cavés par les vautours ou les os éparpillés par les vents, mais la certitude de la vie est passée sur nous. Autrefois, j'ai entendu le son de vos voix, j'ai aperçu le globe de vos yeux qui fixaient la nue, j'ai suivi le galop de vos pas. Et si inexplicable soit la richesse ou l'indigence de nos vies croisées, je redécouvre aujourd'hui, grâce à vous, un champ d'étoiles à l'arrière de mes yeux!

Ici, nous entrons à rebours dans le pays des souvenirs. Ici, lecteur, je veux vous faire pénétrer dans la salle enfumée de mes rêves...

Delhi, 1957

Delhi, 1957

Delhi, 1957

Delhi, 1957

Delhi, 1957

Delhi, 1957

Delhi, 1957

Old Delhi, 1957

Delhi, 1957

Delhi, 1957

Old Delhi, 1957

Delhi, 1957

Delhi, 1957

Bombay, 1957

Je me souviens de cadavres aux lèvres blanches dérivant au fil du courant sur le Gange, de visages livides, de ventres boursouflés, de l'ensanglantement des saris séchant sur les ghats.

Je vois de gais enterrements : une famille hindoue courant pieds nus vers la pointe du soleil levant, son élan cadencé encouragé par le son enfantin des petites cymbales. *Tilin, tilin! tilin!* Je vois passer le défunt, porté sur les épaules des siens, enguirlandé de fleurs de jasmin, peint au front des signes de sa caste. Un sourire empreint de sérénité flotte sur ses lèvres. Je le vois l'instant d'après, englouti par les flammes, aidé jusqu'au bout par chacun.

Je me souviens à Sirsod, au Rajasthan, d'une adolescente mordue dans son sommeil par un cobra parce qu'une goutte de lait perlait à son sein de jeune accouchée.

Je me souviens des hyènes ricanantes courant vers des sabbats nocturnes.

A des milliers de kilomètres à l'est, je me souviens d'une femme d'Orissa mettant au monde son enfant. A croupetons, seule sur le bord de la piste. Je me souviens de son bébé. De cette chétive créature éblouie à jamais par le soleil des pauvres. Du paroxysme de son cri s'arrêtant au bord de la vie. De l'aurore qui, pendant ce temps, buvait à grands traits l'ombre du sol. Du gigantesque flamboyant en forme de candélabre dont la stature nous faisait face. Des flammes noires qu'il abritait tout au long de ses branches défoliées. Plus de cent vampires, buveurs de sang, la tête en bas, vecteurs fous, les ailes en éventail. Plus de cent corps hurleurs faisant écran au jour empourpré qui semblait les renvoyer à la terreur des limbes.

Je me souviens que j'ai photographié Boulganine et Nikita Khrouchtchev.

Je me souviens que j'ai fait une exposition de photos à Baroda.

Je me souviens que j'ai établi la version française de *Pather Panchali*, le premier film de Satyajit Ray.

Je me souviens d'avoir ingurgité du chanvre indien et d'avoir succombé à un fou rire irrépressible pendant deux jours sans discontinuer tout en marchant devant moi sur une terre infestée de scorpions.

A ta santé, Pérec! – je me souviens, je me souviens *tie and die*, des grands bacs emplis de vert, de rouge, de bleu, d'indigo ou de mauve, creusés dans la pierre, où s'éreintaient les teinturiers nus tordant le jus des cotonnades comme une partie de leur propre sang.

Je me souviens de l'imminence du retour de la mousson sans un souffle vent, des pankas au-dessus de nos têtes, brassant un air épais. De cette humidité têtue qui huilait les muscles lisses des coureurs de rickshaws. Des feuilles de bétel recouvertes d'or ou d'argent que nous glissions dans le suc épicé de nos bouches en attendant la fraîcheur du soir.

Je me souviens d'une locomotive noire et rouge ahanant le long des rampes du plateau du Dekkan. De son panache de fumée noire dont l'ombre courait sur le sol rouge. Je me souviens du sifflement de la machine à l'entrée des tunnels et de plaines desséchées recouvertes de cactus. Je me souviens du thé chaud à la halte. Je me souviens de la chaleur implacable. Des odeurs de fournaise. Des myriades de voix. Des hordes de coolies en turbans rouges qui remontaient le quai, courant avec leur bouilloire d'eau chaude à la main: "*Tcharr! Tcharr!*" Du thé, du thé! Boisson du soulagement. Le thé, brûlant et salvateur.

Je me souviens d'avoir voyagé debout comme un cheval pendant trois jours avec cent voyageurs dans un wagon de troisième classe. Je me souviens de l'espace privé d'air et de lumière par les grappes d'intouchables accrochées à l'extérieur, aux portières ou juchées sur les marchepieds, les toits et les tenders. Je me souviens, ombre et lumière, des familles séparées par les hasards de la foule, des gens surexcités prenant d'assaut les quelques banquettes superposées, je me souviens des autres voyageurs – paysans, colporteurs, clercs de bureaux, balayeurs, nourrices, tous gens qui me dévisageaient avec étonnement alors que nous étions entassés ventres à bouches, tassés comme des sardines – un Européen, qu'est-ce que je faisais là? – cohue dansante, bringuebalant au moindre choc, inhalant nos haleines, partageant nos pestilences.

Je me souviens de mes épaules baignées d'une irradiante douleur. Je me souviens du regard charbonneux de l'homme qui me

Bombay, 1955. Réception en l'honneur de Boulganine et de Khrouchtchev faisait face. Nous étions nez à bec. Il souriait. Il sentait le clou de girofle. Souvent ses yeux furtifs et coulissants s'attachaient aux miens. Je me souviens de la douceur du sommeil qui me gagnait à mesure. Je me souviens d'un vague regret tardif, pourquoi m'étais-je entêté à vouloir faire des photos? Je me souviens de mon intelligence embrumée qui s'arrêtait doucement, à bout de vérité. Je me souviens de mon réveil sur un quai de gare. Je n'oublierai jamais que ma sacoche avait disparu, que mon appareil photo manquait à l'appel. Je me souviens d'avoir cherché des yeux mon hypnotiseur et que c'était absurde. Je me souviens que le train était reparti.

Je me souviens d'avoir respiré ma déconfiture et de m'être appuyé contre un mur. Je me souviens des Indiens, des cymbales, des enfants, des épices qui continuaient leur endiablée fusion multicolore autour de moi. Des singes qui grouillaient dans ma tête. A la tousse! A la fièvre! Au marasme! A l'emmêle! Je me souviens, j'étais porté par la foule qui reculait sur le quai de la petite gare. Je me sentais lourd et inutile. Je me souviens que je ne possédais plus rien et que je m'en suis tiré avec un consul et un téléphone.

Je me souviens du Sud. Je me souviens de la blancheur de poudre des chemins. Des bambous si épais qu'ils gribouillaient d'immenses Hartung devant le soleil.

Fièvre! A quatre-vingts kilomètres, le premier téléphone! Pas d'eau si ce n'est celle de la rivière, pas d'électricité.

Kérala, 1957

Cape Comorin, 1957

Bengale, 1957

Madura, 1957

Madura, 1957

Etat du Kérala, campagne pour les élections, 1957

Kérala, les premières élections communistes, 1957

R.V.

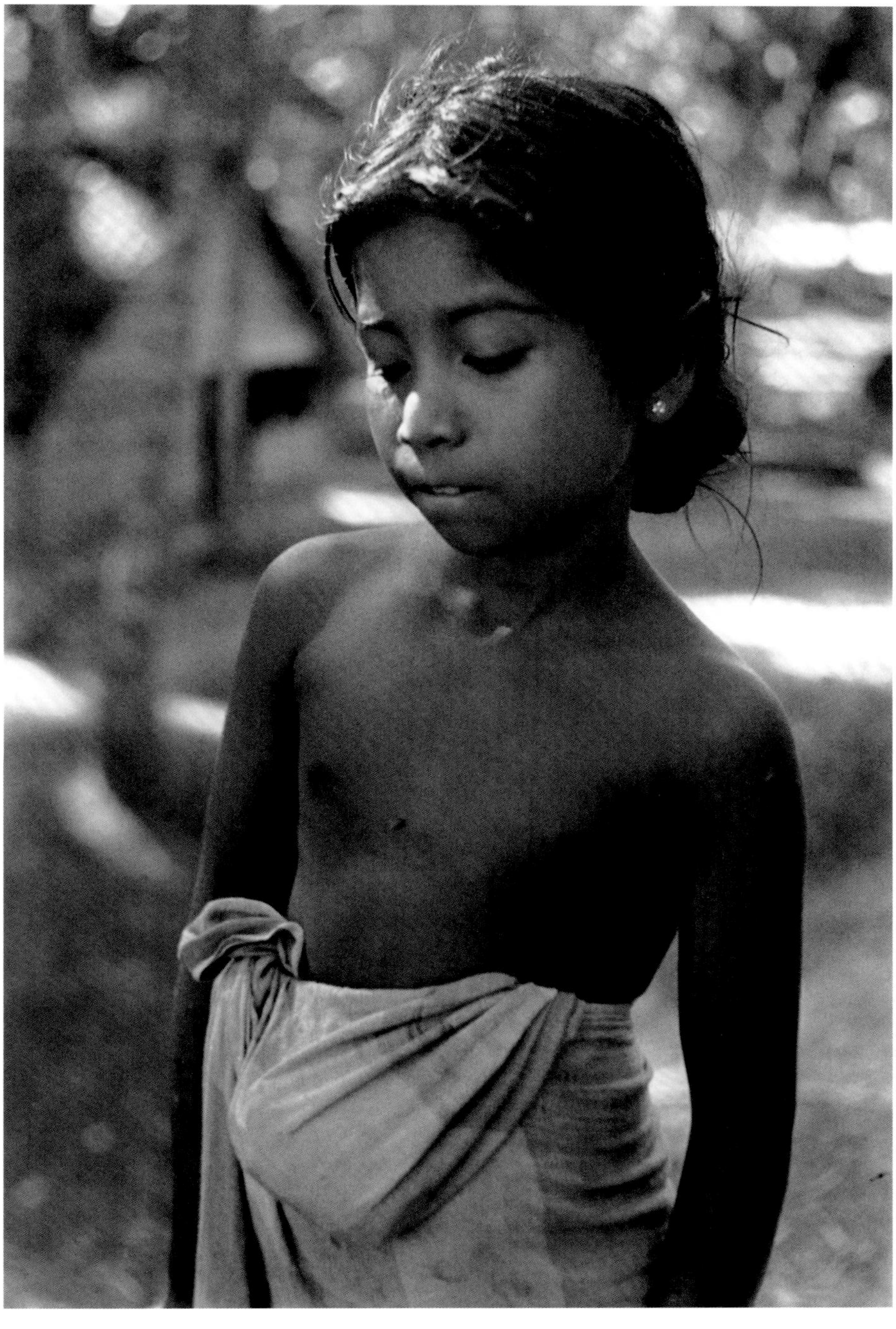

Kérala, 1957

La veuve, 1957

Orissa, 1957

Matunga, 1957

Mahim, 1957

Kérala, les rives de la mer d'Oman, 1957

Alagarcoil, 1957. Les temples polychromes

Je me souviens du cheminement silencieux des éléphants de Mysore et de leur piétinement ailé sur la tourbe de la jungle de Karapur.

Je me souviens que les éléphants dormaient sur un plan incliné pour se relever plus vite. Je me souviens aussi qu'ils dormaient la trompe dans la bouche pour ne pas succomber aux attaques de leur seule et farouche prédateur : une minuscule fourmi qui peut leur donner la mort en incendiant leurs fosses nasales de ses redoutables piqûres.

Je me souviens des premières élections communistes dans le Kerala. Je me souviens d'une plage grise dont le sable riche en thorium avait servi à l'élaboration de la première bombe atomique lâchée sur le Japon.

Je me souviens de Trivandrum. De corps mouillés. D'ombres fuyantes. Je me souviens des temples polychromes. D'un champ au bord d'une route entièrement couvert de statues de Dieux abandonnés. De sons, de couleurs, d'odeurs et de cris trop assoupis pour que j'en parle encore.

Parfois, parfois, le temps, le temps me saoule. Il est des nuits sans sommeil où je suis sur Marine Drive. Je suis sur une digue battue par l'averse. Face à la mer, tourné vers l'ouest, je rêve à la France. Voilà déjà trois ans que je suis en Inde. Trois moussons que mes chaussures moisissent dans la penderie. J'inspecte le rideau de pluie qui s'avance. Et je pleure silencieusement.

Musique! Petit boucan de grelots et de cymbales! Se moque qui voudra! Le mal du pays est un chagrin des plus doux.

Que dire encore que j'ai respiré ou touché?

En 1955, l'Inde s'enrageait à vivre l'indépendance. Le pandit Nehru venait de susciter les *Community Projects*. Des milliers de femmes du Maharashtra portaient dix heures par jour des corbeilles de terre sur leurs têtes pour que sorte de la gangue une falaise de buildings modernes qui regardaient la mer.

Certaines travaillaient, leurs marmots à califourchon sur la hanche. D'autres, sans interrompre leur effort, allaitaient leur bébé en marchant. Et quelle dignité! Et quel port de reines. Tonnerre gronde! Siva existe-t-il? Dieu destructeur et fécondateur, lui? Alors, va! Qu'il tatoue à jamais les paumes de ses quatre mains à l'effigie de ces nobles visages de femmes qui étaient l'ornement de leur sexe et arrachaient sa délivrance au monde contre une timbale d'eau claire!

Grâces soient rendues aux femmes indiennes.

Sambulpur, 1957

Vindhya Pradesh, 1958

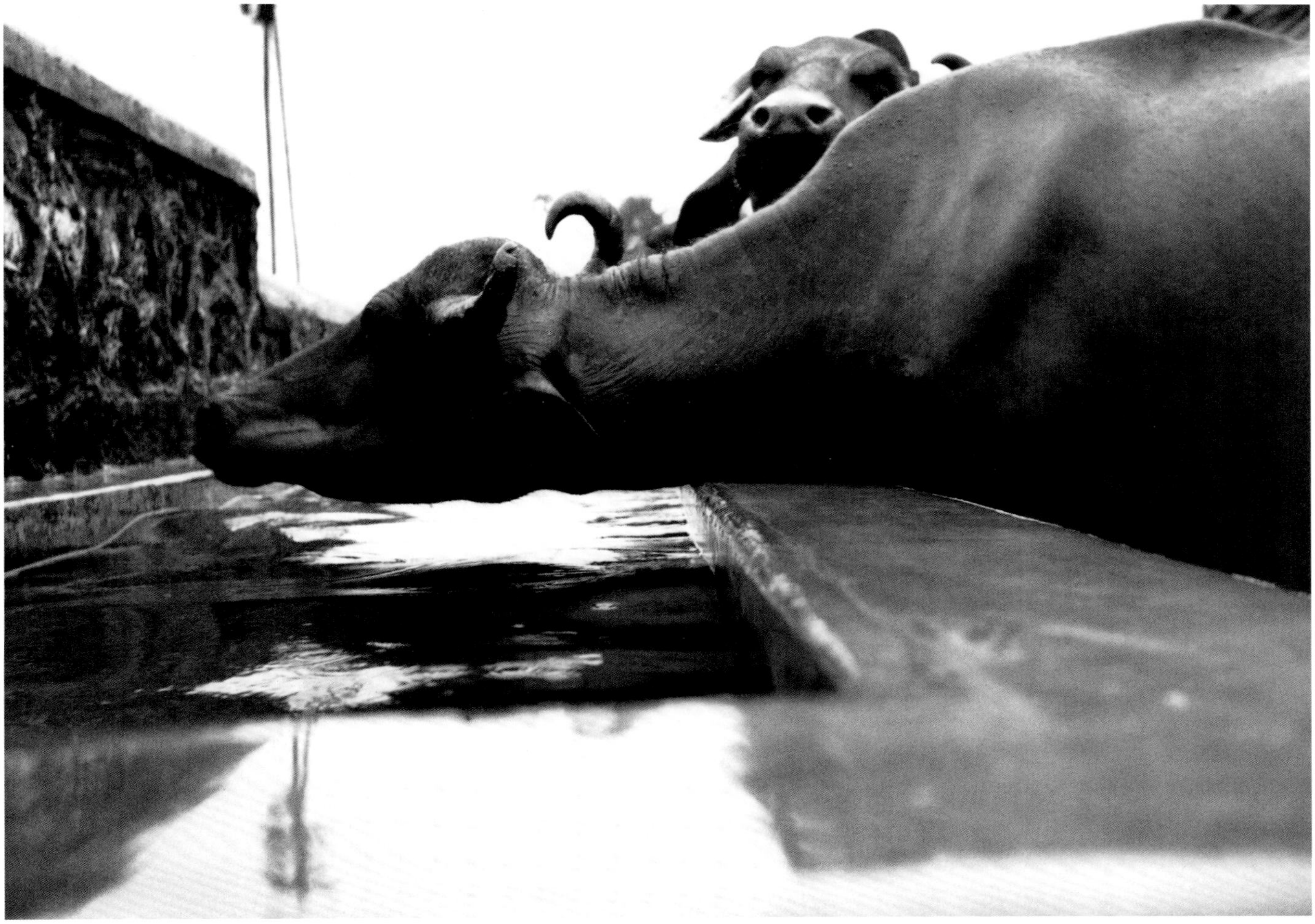

Vindhya Pradesh, 1958

Orissa, sur le chantier du barrage de Hirakud, 1957

Hirakud, jeune fille oriya, 1957

Hirakud, travailleuses oriya, 1957

Hirakud, jeune fille oriya, 1957

pages suivantes :
Hirakud, 1957. La belle Oriya

Hirakud, 1957

Hirakud, 1957. Travaux pour le barrage

Hirakud, 1957

Hirakud, 1957

pages suivantes :

Orissa, le fleuve Mahanadi, 1957

Roberto Rossellini, chercheur de sa propre croyance. Bijapur, 1957

pages suivantes :

Bombay, 1956. Devant le Taj Mahal Hôtel. Roberto Rossellini, Jean Herman et le cobra

Kérala, 1957. Norwegian Fisheries. Roberto et la jeune Norvégienne

On dit toujours que le voyage des hommes ne s'accomplit dans la richesse du cœur et des idées, que s'il y a un rapport entre le dedans et le dehors. Qu'il n'est plénitude, équilibre et réservoir d'énergie que si celui qui chemine jusqu'à la pointe du soleil levant accepte que les accordailles de son esprit et de son âme le mènent pieds nus tout au bout de lui-même et l'emportent sur le sentier de l'aigle.

Alors, celui-là se jettera avec confiance dans le vide. Alors il déploiera ses ailes. Alors son regard incroyablement clair lui dévoilera le fond de la vallée.

Pour moi, l'heure du grand saut avait sonné. J'en avais la certitude. Une nuit, dans un rêve mémorable, j'aperçus devant moi une haute montagne et j'y grimpai. Parmi toutes les routes à prendre, parmi tous les trains à ne pas manquer, parmi tous les habits neufs qu'il m'était offert d'enfiler une seule direction galopante m'intriguait, un seul habit de lumière m'obsédait.

En acclamant la venue de celui qui allait allumer tant de lampes devant moi, je ne me doutais pas encore comme le magasin de la vie est énorme.

Donc il a été mon mentor. Mon guide. Mon conseiller. Un maître à penser, à regarder, à aimer. Il était Roberto Rossellini, père du néo-réalisme. Le dernier des humanistes. Un poseur de voies sur le futur. Un cinéaste à l'unicité troublante. De lui, je veux parler. Sans doute parce que faire revivre par des mots ceux qui vous ont modelés est encore maintenir la chanson du cœur.

C'était décembre en Inde. Décembre en 56.

François Truffaut avec lequel j'entretenais des rapports épistolaires et à qui je faisais parvenir des articles pour les *Cahiers du Cinéma* m'avait écrit pour m'annoncer la venue du Messie. Adieu saris, adieu madras! Wilson College, *good bye farewell*! Je désertai mon poste de lecteur à l'université de Bombay et, faussant compagnie à l'honnête Diderot, engageai mes pas derrière ceux de mon nouveau pasteur.

Roberto était un homme en marche. Un haleur de brebis.

Quinze jours après son arrivée, nous parcourions l'Inde de Bodh-Gaya à Nalanda, de Hirakud à Shantiniketan en compagnie du pandit Nehru. A chaque étonnement, je voyais la lumière. J'avais toujours en moi cette folle envie de paître.

Mon maître avait le don aveuglant de savoir enfermer la vie et le cinéma dans le même creuset. Il filmait comme on parle, aussi comme on se tait. Mieux, comme on réfléchit à voix haute. Si vous étiez son assistant comme j'ai eu le bonheur de l'être, vous mangiez à sa table, du même appétit de connaissance, et ne trouviez le repos qu'à l'heure de sa fatigue. Il ne dormait guère plus de cinq heures. Ne dit-on pas qu'on a des ailes seulement la nuit?

En deux trois occasions, il arriva qu'au matin je frappai à sa porte. Un long silence s'ensuivait, emporté finalement par l'accent d'une voix de souffrance. "Entre, Jean!" Et quand je l'avais

fait, je distinguais dans l'incertitude du clair-obscur de sa chambre hermétiquement fermée la théâtralité de sa silhouette tassée au fond d'une grotte d'oreillers. Les brouillards de son entêtante eau de toilette rampaient au pied des rideaux. Profondément enduveté, il bougeait à peine. Une bouillotte de caoutchouc emplie de glaçons couronnait sa tête d'une forme molle. Une compresse de Synthol calfeutrait son front migraineux. Des explications confuses me parvenaient. Kyrielle. Elles étaient formulées pour un tiers en français de bonne qualité (quoiqu'il roulât sur les "r") pour un tiers en italien volubile, le reste était surfilé de justifications mensongères confectionnées à la hâte dans un peu d'anglais de dictionnaire. Et c'était deuil, ces matins-là. Nous étions bel et bien en panne. Roberto est le seul créateur de cinéma qui ait jamais eu le courage de mépriser le système au point d'annuler le tournage. *Parce qu'il n'avait pas l'inspiration.* Comment vous le tourner autrement? Parce que, soudainement frappé de terrestre pesanteur, il se sentait incapable de hisser son discours filmé à hauteur de ses ambitions secrètes.

C'était tel! Vers dix-huit heures, Roberto se levait. A la gigue même de ses prunelles, vous pouviez deviner une intense activité cérébrale. Il marchait sur l'eau de la création.

Tenez, brusquement, il vous prenait à témoin. *Patri* en sanskrit

voulait dire *père*. Etait-on si loin de *pater* en latin? Non, n'est-ce pas? A l'idée de ce cousinage brahmanique et méditerranéen, il triturait pensivement une mèche située à l'arrière de sa tête. Il vous dévisageait. Ses yeux s'irisaient de certitude. Le passé n'était décidément qu'un miroir dans lequel le présent se regardait de biais. Et sa fichue théorie qui faisait des Indiens des *drapés* au même titre que les Romains ses ancêtres, quel mufle d'ignorance eût osé le contester? Ah mais! Il se tournait vers le metteur en scène David Lean venu fort à propos nous rendre visite et fixait rêveusement le blazer bleu de l'élégant gentleman. Hein? Parce qu'enfin... du sari ou du *dhoti* à la toge, ou si vous préférez de la Via Antiqua aux ghats de Bénarès, il n'y avait qu'un pas à franchir. Qui se serait moqué? Fût-ce seulement dans son dos. Personne, bien sûr. Le ton était suffisamment péremptoire. A part ces cuistres d'Anglais! Bon... Et quelques Scandinaves. Ah! Aussi cette race puritaine d'Américains aseptisés qui fabriquait par parenthèse des *cousus* de la plus belle eau.

Roberto défiait ses ennemis par la pensée. Il fulminait. Souffrance, il tordait sa mèche. Il lissait nerveusement ses cheveux plaqués "à l'embusqué".

La vérité est que nous vivions des temps mêlés.

Sonali Das Gupta, la belle Bengali, venait d'apparaître dans sa vie de séducteur. Les journaux à scandale, la presse internationale, les magazines indiens annonçaient à grand renfort de manchettes qu'Ingrid et les jumelles retournaient de l'autre côté de la grande mare atlantique. Roberto était fâché avec l'Amérique

Sonali Das Gupta, Malabar Hill, 1956

entière. Une nouvelle jouvence traversait le corps du "latin lover". Au *Taj Mahal Hotel*, vers une heure du matin, il rejoignait en catimini son bel amour exotique en passant par le chemin des gouttières.

A cette minute même, il n'était pas seulement un amant se hâtant de rejoindre la couche de sa belle. Il était aussi celui qui allait se fondre dans l'étrangeté et le mystère d'une femme dont la beauté, l'intelligence, la grâce, incarnaient l'énigme d'un pays qui le possédait. Expérimentateur de lui-même, celui qui aurait tant voulu exprimer le tourment des âmes, et filmer la lumière "qui est à l'intérieur des hommes", était le visionnaire de quelque chose de permanent qu'il entrevoyait et cherchait à formuler dans une œuvre débarrassée de toute dialectique purement verbale pour arriver à l'essentiel qui serait symbole ou parabole.

Ainsi vivait Roberto Rossellini, exalté par la brûlure créative, dévorateur de son corps, de son esprit, de son âme, ainsi brûlait-il tous ses vaisseaux pour trouver "le nu des choses".

Bénarès, 1957

Bénarès, 1958

Bénarès, 1958

Bénarès, 1958

Bénarès, 1957

Bénarès, 1957

Bénarès, décembre 1957

Bénarès, 1957

India 57. On location
Roberto Rossellini, Aldo Tonti, Kittu Krishnaswami

India 57. Mysore, la jungle aux éléphants
Le mahut (cornac), Roberto Rosselini, Jean Herman

Le lendemain tournait à la confusion des rieurs. De nouvelles idées avaient surgi dans la cervelle du créateur.

Roberto apparaissait, sanglé dans sa saharienne.

Vite! Qu'on se lève! Il fallait une équipe! Une caméra légère! (Nous travaillions déjà en format 16 mm, fait rarissime pour l'époque. Nous utilisions des zooms, les premiers zooms.)

Avant une heure, nous serions sur la route. Nous allions tourner le film en langue hindi, en kannada, en oriya, en bengali, en tamoul. Nous allions pourfendre les castes, la corruption, les injustices qui pesaient sur le devenir des femmes.

Un cap diamétralement opposé se dessinait pour le scénario de *India 57* qui lentement devenait *India 58* et se déclinerait plus tard, au bout de plus de treize mois d'un tournage harassant, tout simplement selon un titre simplifié : *India*.

India, comme on dit "Païsa". Comme on dit exception. Comme on dit coup de théâtre, déflagration.

Car le film que nous étions en train de vivre et de respirer était l'avancée extrême, le cap le plus inattendu du cinéma rossellinien.

Mais chacun son métier! Chacun sa boutique et ses puces! Qu'il me soit donc permis ici de donner la parole à Alain Bergala, critique inspiré et coauteur d'un passionnant ouvrage sur *India*. Lui, du moins, a eu la sagesse de laisser les jugements abrupts d'hier s'enliser dans les limons de la hargne impuissante. Il explique aujourd'hui avec justesse la solitude glacée en laquelle s'est retrouvé Rossellini après qu'il eut franchi sans crier gare les frontières du jamais fait.

Voilà ce qu'écrit Bergala à propos de *India* :

"L'incroyable étrangeté de ce film unique, inimitable – le prototype d'un cinéma qui n'existera jamais que par ce film-là –, tient sans doute à ce qu'il sert à Rossellini d'articuler selon une formule neuve, inconnue, un nœud de questions qui n'ont en commun que de tenir à lui, avec toutes ses contradictions, à ce moment crucial de sa vie et de sa carrière : le monde, l'altérité, le couple, l'amour et le travail de faire des films, le vieillissement, le renoncement.

"Le grand virage que Rossellini est en train d'opérer avec ce film plein de brusques tournants est le plus important de sa carrière. *India* est la plaque tournante qui lui permet de passer d'un cinéma fondé sur l'altérité (où l'altérité est la condition du désir de filmer) à un cinéma du savoir (de l'universalité, de l'encyclopédisme) où le désir n'a plus sa place, où il n'aura plus besoin de s'investir comme sujet. Il envisage même avec sérénité de ne plus aller filmer lui-même, mais d'envoyer sur le terrain des équipes de "jeunes gens". Ce virage est aussi un renoncement, même si Rossellini prétend abjurer dans la joie son vieux statut d'artiste. L'Inde a été pour lui le motif idéal pour opérer ce renoncement ... Elle lui permet d'aller au bout d'un chemin du cinéma qui a été le sien, là où personne n'était jamais allé aussi loin."

Revenons pour un temps sur le déroulement de cette magnifique aventure.

Après plusieurs mois de préparation, d'atermoiements, le 18 février 1957, nous avions pris la route. Nous, c'était principalement Aldo Tonti, le chef opérateur, l'inséparable compagnon de Roberto, son fils, Giorgio Tonti (le bougre avait-il seulement vingt ans?), Kittu Krishnaswami (l'assistant indien, un ancien de l'Idhec, tout comme moi) et Habib, le régisseur.

Ni les uns, ni les autres, nous ne savions encore ce qui nous attendait. La réalité s'avéra sensiblement différente des aspirations initiales. L'Inde est pays de déperdition. Pays d'inertie, je veux dire de patience.

Cobras, pythons, éléphants sauvages, pistes défoncées, nous allions affronter le pire par pur oubli des contingences matérielles. "Nous" étions tellement amoureux! Entendez, Roberto l'était. Il le fut avec emportement. Pour l'amour de la belle "Dulcinée from Ganga", nous errâmes, Quichotte au pays des sadhus, entre Indus et Brahmapoutre. La chaleur pouvait bien s'élever à 42°, nous pouvions bien être à quatre-vingts kilomètres du premier téléphone, à trois mille kilomètres de notre laboratoire de développement, rien n'arrêtait la quête du chevalier. Le monde et le rêve d'inscrire le monde ne faisaient plus qu'un. Roberto poussait sa passion du cinéma devant lui. Du Cachemire à Trivandrum. Et d'est en ouest, si vous allez par là. 20 000 kilomètres nous attendaient.

Rossellini exultait. Il nous faisait les témoins privilégiés de l'envol de sa pensée. Il semait la parole. A nous de la recueillir. De devenir l'apôtre moderne de celui qui épelait son scénario sur le terrain, construisait l'évangile de son film en allant au rendez-vous de ses interlocuteurs (des acteurs non professionnels) et le

Aldo Tonti et son assistant sur le fleuve Quilou

pages suivantes :

Roberto Rosselini, en route pour Mysore, 1957

India 57, les marionnettes, le monkeywalla

dispensait par bribes à ses collaborateurs sans que rien fût jamais écrit, hormis quelques bribes de dialogues surgies hâtivement de ses poches et purement utilitaires. Point de script. Seulement une accumulation de versets en perpétuel état d'édification.

Le caméraman, Aldo Tonti, ancien soldat du pape et futur chef opérateur de *Guerre et Paix*, devenait le dépositaire récalcitrant de cette écriture spontanée d'où la rature était exclue. Le fond comptait autrement que la forme. Les cadrages étaient souvent fixes. La grammaire filmique la plus simple possible. Les régisseurs y perdaient leurs cheveux, dans l'incapacité qu'ils étaient de fournir les accessoires que le metteur en scène demandait à l'improviste sur le terrain, au fond de la brousse. Quel casse-tête pour des techniciens habitués aux lourdes productions indiennes rivées au carton-pâte des studios! Avec l'italien, rien n'était conforme! Brusquement, il fallait trouver un singe, un porte-plume, un montreur de marionnettes d'ombres, un tigre dressé ou une petite fille de cinq ans. Roberto bougeait. Il vivait. Il cherchait sa voie.

Parfois, atteint par l'indicible chagrin de la séparation, par la tension, la fatigue, le grand tragédien posait sa lyre et me confiait l'urne de ses propres cendres. Au bord de la piste, après une salve de rebonds, il arrêtait le break Ford en plein soleil. Il s'extirpait de derrière le volant. La poussière rouge retombait autour de nous.

Il inspectait le ciel bas :

— Le monde est en rage contre moi, se lamentait-il au bord du sentier de poussière, mais je veux mourir de ma main! C'est exactement comme les baleines, lorsqu'en groupes elles se lancent contre le rivage d'une île et se tuent. Dis-moi quelle force aveugle les pousse à s'échouer? Quelle fatigue attirante? Je sens en moi si fort cette baleine.

Il l'appelait de ses vœux.

Il poursuivait en lui sa perpétuelle lutte entre le bon et le mauvais. En même temps, il voulait s'approcher au plus près des êtres qu'il était venu filmer, usant de chaque parcelle d'inattendu pour mieux confronter sa fulgurance d'inventeur à son audace d'ethnologue des âmes. Il s'avançait à tâtons, avec une foi endurante, des remords constants, insatiable chercheur de sa propre croyance, vivant simultanément et contradictoirement à la croisée des chemins du modernisme et de la tradition, au point de rencontre de sa violence intérieure et de l'apaisement biblique. Au tournant brûlant de la foi catholique et de l'inconstance, homme exposé, sans cesse affrontant le diable pour mieux approcher Dieu, sans cesse s'obligeant à côtoyer les abîmes pour mieux assurer l'équilibre précaire d'un amour sans limites – des millions d'hommes, de femmes, d'enfants à chérir – cent mille étapes vers le sommet harassant de l'existence d'où il puiserait sa force et son inspiration, son économie et son gigantisme.

Roberto, tour à tour tyran et victime de lui-même. Roberto, incurable observateur de civilisation et moraliste ès fables. Roberto, seul forgeron de son espèce, ayant la capacité artisanale de tremper la réalité quotidienne des gestes jusqu'à l'absolue vérité, de bâtir autour d'une situation d'apparence banale la trame exemplaire d'une parabole, de transcender un infime signal d'existence en une essence capitale.

Donc était Rossellini : plus vite que ce qui va le plus vite – la vie.

La vie!

La sienne s'en est allée, pleine de fracas et d'histoires. Déjà la mienne s'amenuise. Pour garder quelques forces, je choisis le tronc, je jette les branches. C'est la proximité du repos qui a motivé ce livre.

Ce soir, près de la lampe, je pose mes mains sur le dos. Elles attendent sur mon bureau. Elles sommeillent sur la planche à travailler. Sur l'établi d'écriture. Insensiblement, nous entrons dans un monde parfaitement immobile.

Photographie Antoine Stéphani

Ici, terre de Gironde, je regarde au loin par ma fenêtre. J'observe la ligne des pins, silhouettes burinées de patience. Magnifique! du côté de la collégiale, le pointu clocher, la tourelle serrée à son flanc, la pierre grise. Et dans un tracé bleu, fièvre et pillage du réel qui s'effrite, un éclair qui traverse les nuages croulants et libère une explosion – un yatagan de lumière qui illumine la salle assombrie où je me tiens.

J'ai fait un beau voyage.

Dans la douceur du soir, pardon d'avoir pris le sentier de l'aigle dans les cieux. D'avoir emprunté la géante échelle de ceux qui rêvent de dérober le feu.

Ce n'était pas de l'orgueil.

Simplement, il est doux de voir de très haut la douleur ou l'amour et de les regarder s'effranger comme une poudre infime qu'on ne distingue plus de la plainte du vent.

En réalité, à l'approche de l'obscur défilé, chacun dans sa liquidation du passé, se complait, s'interroge et remonte jusqu'à l'abri révélé de sa source.

La source est tapie dans les ténèbres d'une caverne. Dès l'entrée, il fait noir. Il n'y a rien à voir. Rien, si ce n'est un filet d'eau entre deux pierres, tout au fond de la grotte.

Car au bout du voyage, le dénuement existe. Nul ne sait boxer avec la mort. Quant à la sagesse, personne ne la reçoit. Tout au long du trajet, il faut la découvrir.

A peine la terre se referme sur nous, qu'elle est pétrie de nos folies.

Uzeste, village gascon. La collégiale, 1999

Terre d'Uzeste, je suis. Terre d'Uzeste, je marche. Ecris. Vais.
J'ai la voix nette. Une canne au poignet.
Ni détiédi, ni désarmé, je pense aux autres :
je me dis que l'espoir n'est qu'une question de temps.

Photographie Sophie Bassouls

Filmographie de Jean Herman / Jean Vautrin

1952 Lycée Voltaire, année préparatoire à l'Idhec.

1953 Entrée sur concours à l'Idhec (Institut des hautes études cinématographiques), dont il sort en 1955.

1955-1956 Boursier du Gouvernement indien et lecteur de Littérature française à l'Université de Bombay (Wilson College). Des Indes, Herman envoie des articles aux *Cahiers du Cinéma* et à *Cinéma 56*. Dessinateur humoristique et photographe, il publie ses dessins et ses photos dans le magazine *Illustrated Weekly*.

Il tourne deux films, l'un en 16 mm, *Chowpatty*, l'autre en 35 mm *Sirsod, village indien*. Collabore aux versions françaises des documentaires du Films Division et rédige la version sous-titrée de *Pather Panchali* de Satyajit Ray.

1956-1957 Devient l'assistant de Roberto Rossellini pour le film *India* et une série de dix courts métrages en 16 mm destinés aux télévisions française et italienne.

1958 Fraîchement rentré en France, il est assistant à L'ORTF puis devient assistant de Vincente Minelli pour *Les quatre cavaliers de l'Apocalypse* et de Jacques Rivette pour *Paris nous appartient*.

1958 (fin)-1961 Pendant la guerre d'Algérie, il accomplit son service militaire au Service Cinéma des Armées. Il y réalise 5 courts métrages dont *Le coup de main, Survie en brousse, Reggane à l'heure H* (sur la première explosion atomique française) qui le conduisent en Allemagne, en Algérie, au Sahara et au Congo.

Pendant de courtes permissions, il réalise deux courts métrages : *Voyage en Boscavie*, dessin animé qui lui vaut le Prix Emile Cohl et *Actua-Tilt*, Grand prix du Festival International de Tours, Prix Simone Dubreilh et Prix de la Fédération internationale de la presse à Oberhausen et Leipzig.

1961 Libéré de ses obligations militaires, il réalise *La Quille*, film primé à La Biennale de Venise.

Réalisateur de films publicitaires, il travaille pour Les Cinéastes associés et la Régie Française de Cinéma.

Il réalise un moyen métrage : *Les Fusils* avec Anne Doat, Claude Berri, Bernard Verley et Jacques Mignot.

1962 *Twist Parade* en cinémascope pour l'Exposition internationale de Seatle.

Enquête à Rennes, documentaire, La Cinémathèque Française.

1963 *Bon pour la Vie civile*, moyen métrage de cinéma vérité sur un couple de jeunes délinquants est interdit par la censure, puis amputé et devient : *Le Chemin de la Mauvaise Route*.

1963-1965 Tourne pour la télévision six films dans la série "Sur un air de violon" avec Noël Roquevert, Catherine Rouvel, Olivier Hussenot, etc. puis *Pif le Chien*, film d'animation tourné à Prague.

Assistant et Conseiller technique de Jean Cayrol et Claude Durand pour *Le Coup de Grâce* avec Danièle Darrieux, Michel Piccoli, Emmanuelle Riva.

Collabore à un long métrage américain *Teenagers*, tourne un film de commande pour IBM et une nouvelle série TV, "De nos envoyés spéciaux", avec Daniel Cauchy et Jean Amadou.

1965 Tourne son premier long métrage : *Le Dimanche de la Vie* tiré du roman de Raymond Queneau et dialogué par l'auteur. Avec, dans les rôles principaux : Danièle Darrieux, Françoise Arnoul, J.-P. Moulin, Jean Rochefort, Anne Doat, Berthe Bovy, Roger Blin, Olivier Hussenot, Paul Crauchet. (Prix Marylin Monroe)

1966 *La France dans vingt ans*, scénario de Jean Herman, une émission d'une heure.

Lapin Jules, film d'animation de marionnettes.

Les Bourbons d'Espagne, émission documentaire de deux heures tournée en Espagne et au Portugal.

1967 Tourne son second long métrage, *Adieu l'Ami*, scénario Sébastien Japrisot et Jean Herman avec Alain Delon, Charles Bronson, Brigitte Fossey, Olga Georges-Picot, Bernard Fresson.

1967 *La Conquête de l'Angleterre par les Normands*, 3 téléfilms d'une heure et demie avec Gary Hemming, Jacques Harden, Olivier Hussenot, Lyne Chardonnet.

1968 *Jeff*, long métrage. Scénario de André Brunelin, adaptation Jean Herman et Jean Cau avec Alain Delon, Mireille Darc, Frédéric De Pasquale, Suzanne Flon, Georges Rouquier, etc.

1970 *Popsy Pop*, long métrage. Scénario Henri Charrière, tourné au Venezuela avec Claudia Cardinale, Stanley Baker, Henri Charrière, Ginette Leclerc, Joachim Hansen, Georges Aminal, Leroy Haines.

1971 *L'œuf*, long métrage d'après la pièce de Félicien Marceau et dialogué par l'auteur. Adaptation Jean Herman. Avec Guy Bedos, Bernadette Lafont, Jean Rochefort, Michel Galabru, Maurice Risch, Catherine Hubeau, Georges Staquet, Bérangère Vattier.

1973 Réalise pour la télévision franco-allemande une série tournée à Paris et Munich et intitulée : «Les Grands Détectives» dont *Monsieur Lecoq* d'après Gaboriau, avec Gilles Segal, Alain Mottet, André Falcon, Georges Staquet, Annie Bertin.

Rendez-vous dans les Ténèbres d'après Peter Cheney, avec Frédéric De Pasquale, Brigitte Fossey, Erika Remberg, Diane Kurys, Gérard Caillaux, Wolfgang Weiser.

Réalise un reportage sur Virginia Woolf pour "Ouvrez les guillemets", émission littéraire de Bernard Pivot.

Participe à la série franco-allemande "Le Comte Yoster a bien l'honneur" et tourne *Le jeu avec la mort* aux studios de la Bavaria de Munich avec Lukas Amman, Béatrice Roman, Clotilde Joano, Pierre Vernier, Wolfgang Volz. Puis, au Danemark, *La cage aux perroquets.*

1974 Tourne *Les Peupliers de la Prétentaine* d'après Marc Blancpain. Téléfilm avec Georges Marshall, Jacques Alric, Catherine Hubeau, Catherine Epin, Odette Piquet, François Maistre, Vania Villers.

1975 Ecrit l'adaptation et les dialogues de *La Pêche miraculeuse* d'après le roman de Guy de Pourtalès. Quatre émissions d'une heure trente.

Co-adaptateur avec Michel Audiard de *L'Incorrigible* tourné par Philippe de Broca avec Jean-Paul Belmondo.

1976 *Le Grand Escogriffe* d'après le roman de Rennie Airth. Co-adaptateur avec Michel Audiard. Dialogues Michel Audiard. Mise en scène Claude Pinoteau. Avec Yves Montand, Claude Brasseur, Agostina Belli, Valentina Cortese, Guy Marchand, Aldo Maccione.

1977 *Banlieue Sud-Est.* Réalisation Gilles Grangier. Adaptation et dialogues de Jean Herman, d'après le roman de René Fallet. Avec Odette Laure, Maurice Biraud, Paul Le Person.

1978 *Flic ou Voyou.* Réalisation Georges Lautner. Scénario et adaptation Jean Herman. Dialogues Michel Audiard. Avec Jean-Paul Belmondo, Marie Laforêt, Michel Galabru, Juliette Mils, Jean-François Balmer, Claude Brosset.

Les Insulaires. (T.V. A 2) Réalisation Gilles Grangier. Adaptation et dialogues Jean Herman d'après Jacques Perret. Avec Jacques Dufilho, Gérard Hérold, Odette Laure.

1979 *Nos Intentions sont pacifiques* de Gérard Pirès. Scénario, adaptation et dialogues Jean Herman et Michel Audiard d'après le roman de Francis Ryck. Avec Jacques Dutronc, Jean-Pierre Marielle.

Le Locataire d'en haut. (T.V. FR 3). Réalisation Gilles Grangier. Adaptation et dialogues Jean Herman, d'après la nouvelle de William Irish. Avec Bernard Fresson, Juliette Mills, Pierre destailles.

Jean Sans Terre. Réalisation Gilles Grangier. Adaptation et dialogues Jean Herman d'après Jacques Perret. Avec Michel Lonsdale.

1980 *Le Guignolo.* Réalisation Georges Lautner. Scénario original et adaptation de Jean Herman d'après Michel Grisolia. Dialogues de Michel Audiard. Avec Jean-Paul Belmondo, Marie Laforêt, Michel Galabru.

1981 *Garde à Vue* de Claude Miller. Adaptation de Jean Herman et Claude Miller, d'après John Wainwright. Dialogues de Michel Audiard. Avec Lino Ventura, Romy Schneider, Michel Serrault et Guy Marchand. (César 1981 du meilleur scénario)

1982 *Le Marginal* de Jacques Deray. Scénario original de Jean Herman. Dialogues de Michel Audiard. Avec Jean-Paul Belmondo, Henry Silva.

1983 *Canicule* de Yves Boisset, d'après le roman de Jean Vautrin. Dialogues de Michel Audiard. Avec Lee Marvin, Miou-Miou, Bernadette Lafont, Victor Lanoux, Jean Carmet.

Rue Barbare de Gilles Béhat. Scénario, adaptation de Jean Herman et Gilles Béhat. Dialogues de Jean Vautrin. Avec Bernard Giraudeau, Christine Boisson, Bernard-Paul Donnadieu.

1984 *Bleu comme l'Enfer* d'Yves Boisset, d'après Philippe Djian. Adaptation Yves Boisset, Jean Herman. Dialogues Jean Herman. Avec Lambert Wilson, Cheky Karyo.

1985 *Urgence* de Gilles Béhat. Scénario de Jean Herman et Gilles Béhat. Dialogues de Jean Vautrin. Avec Richard Berry, Fanny Bastien, Bernard-Paul Donnadieu.

1986 *Billy-Ze-Kick* de Gérard Mordillat d'après le roman de Jean Vautrin. Avec Zabou, Francis Perrin, Cerise.

1987 *Charly Dingo* de Gilles Béhat. Scénario de Jean Vautrin et Gilles Béhat d'après une nouvelle de Jean Vautrin. Dialogues de Jean Vautrin. Avec Guy marchand, Caroline cellier, Niels Arestrup et Laurent Mallet.

Cet ouvrage a été réalisé sous la direction de Philippe Monsel

Conception graphique : Michel Champier
Coordination éditoriale : Sylvie Poignet
Tirage des photographies : Michel Motron
Photogravure : Arts graphiques du Centre

Achevé d'imprimer le troisième trimestre
mil neuf cent quatre-vingt-dix-neuf sur les presses
de l'imprimerie Vanmelle à Gand, Belgique